C.H.BECK WISSEN

Hegels Geburtstag jährt sich 2020 zum 250. Mal – seine ebenso berühmte wie berüchtigte Publikation «Grundlinien der Philosophie des Rechts» erschien vor 200 Jahren. Aus diesem doppelten Anlass führt der Münchner Philosoph Günter Zöller klar und konzise ein in das Werk des bedeutendsten Philosophen des 19. Jahrhunderts. Er umreißt seinen politischen und philosophischen Kontext und legt den Fokus der Darstellung auf Hegels vier Hauptschriften sowie seine späten Vorlesungen zu Weltgeschichte, Ästhetik, Religionsphilosophie und Philosophiegeschichte.

Günter Zöller ist Professor für Philosophie an der Ludwig-Maximilians-Universität München. Zuletzt erschien von ihm in C.H.Beck Wissen: «Philosophie des 19. Jahrhunderts. Von Kant bis Nietzsche» (bw 2823).

Günter Zöller

HEGELS PHILOSOPHIE

Eine Einführung

C.H.Beck

Uxori

Originalausgabe

www.chbeck.de
Satz: C.H.Beck.Media.Solutions, Nördlingen
Druck und Bindung: Druckerei C.H.Beck, Nördlingen
Reihengestaltung Umschlag: Uwe Göbel (Original 1995, mit Logo),
Marion Blomeyer (Überarbeitung 2018)
Umschlagabbildung: Georg Wilhelm Friedrich Hegel,
1831, Portrait von Jakob Schlesinger
Printed in Germany
ISBN 978 3 406 74960 5

myclimate

klimaneutral produziert
www.chbeck.de/nachhaltig

Inhalt

«Lang ist
Die Zeit, es ereignet sich aber
Das Wahre.»
Friedrich Hölderlin, *Mnemosyne (2. Fassung)*

Vorwort: Hegel lesen

Im Abstand eines Vierteljahrtausends zu seinem Geburtsjahr 1770, das er mit Beethoven und Hölderlin teilt, ist uns Hegel – schwäbischer Beamtensohn, fränkischer Schulmann und erst badischer, dann preußischer Professor – zugleich fremd und vertraut. Von der umgangssprachlichen Wendung «an und für sich» über die Diagnose von «Widersprüchen» in Natur und Kultur zur Behauptung (oder Bestreitung) der «Vernunft» in der Geschichte ist das populäre philosophische Sprechen und Denken von Wendungen und Mustern geprägt, die auf Hegel zurückgehen. Allerdings steht der Popularität Hegels von jeher die Dichte und Schwere seiner Sprache und seines Denkens entgegen. Doch erschließt sich Hegels Werk auch heute noch, wenn man seiner Einschätzung folgt, dass die Philosophie ihre Zeit in Gedanken gefasst ist. Dann lässt sich Hegels Werk lesen als anhaltende Reflexion auf seine Zeit – eine Zeit, die bei aller Differenz im Detail in ihren Grundzügen schon und immer noch unsere Zeit ist: die fortgeschrittene Moderne mit ihren rapiden gesellschaftlichen Veränderungen, ihrer rasanten Auflösung überlieferter Ordnungen, ihrem vollmundigen Versprechen von Freiheit und Gerechtigkeit und ihrer enttäuschenden Bilanz in puncto gesellschaftlicher Fortschritt und allgemeiner Wohlstand. Bei seinem Bemühen, diese Wirklichkeit zu begreifen, folgt Hegel ihren Widersprüchen und Gegensätzen in der angestrengten Sprach- und Denkgestalt seines Werkes. Dabei ist es Hegels Absicht, sich und seine Leserschaft mit der eigenen Gegenwart, bei aller berechtigten Kritik an ihren verbleibenden Unzulänglichkeiten, zu «versöhnen» – ohne falsche Flucht in reale oder imaginäre, vergangene oder zukünftige Welten. Von Hegel lässt sich lernen, wie die gedankliche Durchdringung der eigenen Gegenwart beitragen kann zu einem überlegten Leben in kritischer Solidarität mit der eigenen schwierigen Zeit.

*

Die folgende gedrängte Gesamtdarstellung will in Hegels Werk einführen durch die Berücksichtigung seines politischen und philosophischen Kontexts und mit dem Fokus auf seinen vier Hauptschriften, ergänzt um seine späten Vorlesungen. Die Darstellung verzichtet so weit wie möglich auf Hegels technischen Jargon. Wichtige einschlägige Begriffe und Wendungen Hegels werden aber jeweils in Klammern hinzugefügt. Die Literaturhinweise am Schluss verzeichnen Ausgaben der Werke Hegels, für Hegel wichtige ältere Werke in modernen Editionen sowie Buchpublikationen meist jüngeren Datums über Hegel, darunter einige fremdsprachige Veröffentlichungen, die Hegels anhaltende internationale Wirkung und Bedeutung dokumentieren. Eine Zeittafel orientiert über Hegels äußeren Lebenslauf.

1. Einleitung: Zwischen Revolution und Restauration

Die gut sechzigjährige Spanne von Hegels Leben erstreckt sich von den letzten beiden Jahrzehnten der alten europäischen Ordnung (Ancien Régime) über die Französische Revolution und das Kaiserreich Napoleon Bonapartes bis zur Neuordnung des nachrevolutionären Europa im Zeichen von absoluter Monarchie und christlicher Religion (Restauration) und weiter zur politischen Unterdrückung erster nationaler, liberaler und demokratischer Bestrebungen (Reaktion) und schließlich zur politischen Erhebung von 1830 in Paris (Julirevolution) mit den anschließenden Aufständen in den Vereinigten Niederlanden und in Polen. Als aufmerksamer Zeitgenosse und fleißiger Zeitungsleser verfolgt Hegel die politischen Entwicklungen und gesellschaftlichen Veränderungen seiner Zeit mit stetem Interesse. Als historisch und politisch denkender Philosoph ist er bestrebt, das äußere Geschehen in seiner geschichtlichen wie gegenwärtigen Bedeutung zu erfassen. Die im Folgenden aufgeführten drei Signaturen seiner Zeit liefern deshalb zugleich die Orientierungspunkte für Hegels Denkweg vom intelligenten Beobachter zum originellen Interpreten des Zeitgeists.

Aufklärung und Ancien Régime

Die Epoche der Spätaufklärung, in der Hegel aufwächst, ist eine Zeit des Übergangs. In Kontinentaleuropa dominiert weiterhin die absolutistische Regierungsform. Kulturell geht die politische Unmündigkeit des Bürgertums aber einher mit einer beträchtlichen Blüte von Kultur, Wissenschaften und Künsten. Generell zielen die aufklärerischen Bestrebungen auf die weitere Verbreitung und allgemeinere Verfügbarkeit von Kenntnissen und Fertigkeiten über den engen Kreis von Spezialisten und Eingeweihten hinaus. Exemplarisch für die populäre Tendenz der Spätaufklärung ist das publizistische Großunternehmen der von d'Alembert und Diderot herausgegebenen *Enzyklopädie* (*Encyclopédie, ou Dictionnaire raisonné des sciences, des arts et des métiers*, 1751–72).

Im europäischen Vergleich unterscheidet sich die relativ gemäßigte und weitgehend akademisch geprägte Aufklärung in Deutschland von ihrer radikaleren Form in Frankreich, die auch die Extrempositionen von Materialismus (La Mettrie), Atheismus (d'Holbach) und Republikanismus (Rousseau) einschließt, aber auch von der schottischen Aufklärung, die wegweisende Beiträge leistet zur politischen Ökonomie und Sozialgeschichte (A. Smith, A. Ferguson). Typische Themen der Aufklärung in Deutschland – oder vielmehr: in den protestantisch geprägten Teilen Deutschlands – sind das Verhältnis von Kirche und Staat (exemplarisch diskutiert im Hinblick auf die Zivilehe), das von säkularer Vernunft und religiöser Offenbarung sowie das von politischer Kritik und bürgerlichem Gehorsam.

Für die Nachwirkung der Aufklärung in Hegels späterem Denken spielen neben deren allgemein kritischem Geist auch die neuen wissenschaftlichen Orientierungen, die im Verlauf des 18. Jahrhunderts zutage treten, eine Rolle. Neben die frühere Fokussierung der neuzeitlichen Naturwissenschaft auf die Physik (Newton) tritt die sich herausbildende biologische Wissenschaft («Naturgeschichte») in Gestalt der klassifikatorischen Botanik (Linné) und Zoologie (Buffon). Als besonders prägend für das zeitgenössische und spätere Denken über Gestaltungsprozesse und Formveränderungen verschiedenster Art erweisen sich dabei die Theoriebildungen über Entstehung und Entwicklung des tierischen Organismus in Embryologie und Physiologie.

Zu den Naturwissenschaften tritt in der späteren Phase der Aufklärung die wissenschaftliche Beschäftigung mit Gesellschaft, Geschichte und Geographie als Teil einer weit gefassten Moralphilosophie (*philosophia moralis*, *moral science*, *science morale*) und einer allgemeinverständlichen Philosophie (Popularphilosophie, *common sense philosophy*). Historisch weitet sich der philosophisch aufgeklärte Blick dabei auf die Weltgeschichte, geographisch auf den außereuropäischen Raum und kulturell auf überseeische Völker und Staaten. Das maßgebliche Werk solcher komparativen, rechtlich-politisch orientierten Kulturmorphologie über Zeiten und Räume hinweg ist Montesquieus *Vom Geist der Gesetze* (1748). Speziell der eurasische Raum während knapp anderthalb Jahrtausenden ist Gegenstand der philosophischen Geschichtsschreibung von Gibbons *Verfall und Untergang des Römischen Reiches* (1776–88), einem monumentalen Werk, das außer dem am Ausgang der Antike untergegangenen Weströmischen Reich auch das Reich von Ostrom (Byzanz, umbenannt in Konstantinopel, jetzt Istanbul) umfasst, das bis zu seiner Eroberung durch das Osmanische Reich (1453) überdauert.

Antike und Moderne

Das aufklärerische Interesse an fremden und fernen Kulturen steht im größeren Zusammenhang mit dem steigenden Interesse an der Ortsbestimmung der eigenen gesellschaftlichen Gegenwart im Spiegel früherer Formen von sozialer und politischer Existenz. Von besonderer Bedeutung ist hier die Selbstunterscheidung der neuzeitlichen Gegenwart gegenüber der klassischen Antike. Ihren Ausgang nimmt die kritische und selbstkritische kulturelle Ortsbestimmung der neueren Zeit von dem in Frankreich schon im 17. Jahrhundert entfachten Streit zwischen den Verfechtern der fortgesetzten Mustergültigkeit der klassischen Antike («die Alten») und den Vertretern einer von der Antike spezifisch verschiedenen zeitgenössischen Kultur in den Bereichen von Wissenschaften, Künsten und Politik («die Modernen»).

Anders als die vergleichsweise unkritische Wiederaufnahme klassisch-antiker Autoren und Traditionen in den frühneuzeitlichen Strömungen des gelehrten Humanismus und der künstlerischen Renaissance ist der «Streit der Alten und der Modernen» (*Querelle des Anciens et des Modernes*) im 17. und 18. Jahrhundert methodisch reflektierter und theoretisch differenzierter. Selbst die Verfechter der fortgeführten Nachahmung antiker

Denk- und Lebensmuster in der fortgeschrittenen Moderne sehen in den klassischen Vorbildern neben der geschichtlichen Größe den Niedergang («Korruption» oder «Verderbnis», «Dekadenz» oder «Verfall») und neben den mustergültigen Kulturleistungen (Architektur, Skulptur, Dichtung, Philosophie) deren brutale Begleitumstände (Sklaverei, Proletariat).

Besondere Bedeutung kommt in der differenzierten Antikenrezeption des 18. Jahrhunderts, an der auch Hegel teilhat, der Geschichte Roms zu, die ebenso für politische Freiheit («Republik») und für Weltherrschaft («Imperium») steht wie für despotische Exzesse (Cäsarentum, Militärdiktatur) und für chaotischen Untergang (Barbareneinfälle, «Völkerwanderung»). Vor dem Hintergrund des römisch-republikanischen Kults von Bürgertugend (*virtus*) und politisch freier Lebensweise (*libertas*) stellt sich den Zeitgenossen die Frage nach dem Eigenwert von persönlicher Selbstbestimmung und gewinnorientiertem Handeln in einer durch Individualität und Freizügigkeit geprägten, im spezifischen Sinne modernen Gesellschaft, wie sie sich im Verlauf des 18. Jahrhunderts in Westeuropa zunehmend ausbildet.

Im Vergleich zur immensen Bedeutung Roms als geschichtlichem Parallelfall für die Entwicklungen in der aufklärerischen Moderne ist die andere Hälfte der klassischen Antike – Griechenland – insgesamt betrachtet nur von geringer Bedeutung für die Selbstverständigung des europäischen 18. Jahrhunderts. Das gründet zum einen in der praktischen Unzugänglichkeit des damals unter osmanischer Herrschaft stehenden griechischen Mutterlandes und seiner kleinasiatischen Kolonien. Nur der griechische Kolonisationsraum in Süditalien samt Sizilien steht für zeitgenössische Entdeckungen oder Wiederentdeckungen griechischer Architektur (Paestum mit seinen drei dorischen Großtempeln) offen. Vor allem aber ist den politisch Denkenden des Aufklärungszeitalters die griechische Erfahrung mit direkter Demokratie suspekt wegen der historisch mit dieser Regierungsform verbundenen Phänomene von Populismus («Demagogie»), Pöbelherrschaft («Ochlokratie») und rapiden Regimewechseln («Bürgerzwist», *stasis*).

Wenn im Verlauf des 18. Jahrhunderts Freiheit und Gleichheit theoretisch reklamiert oder praktisch durchgesetzt werden (Amerikanische Revolution, Französische Revolution), geschieht dies durchweg im Rückgriff auf Rom und seine aus monarchischen, aristokratischen und demokratischen Elementen oder Funktionen zusammengesetzte politische Einrichtung («gemischte Verfassung»). Erst gegen Ende des 18. Jahrhunderts wird sich, speziell im deutschen Kulturraum, eine Griechenlandbegeisterung Bahn brechen, die aber im Wesentlichen auf die bildenden Künste, die Dichtung und die Philosophie beschränkt bleibt und dabei die Sehnsucht nach einer verlorenen Welt an die Stelle von eigentlicher Nachahmung und Nachfolge setzt.

Von besonderer Bedeutung für das durch den Rückblick auf Rom geprägte politische und gesellschaftliche Denken im 18. Jahrhundert ist der verfassungsförmige Kontrast von antiker Republik und moderner Monarchie. Gegen die traditionelle exklusive Anbindung politischer Freiheit an die Regierungsform der Republik, wie sie seit Machiavelli Teil des republikanischen Diskurses ist, steht in der fortgeschrittenen Aufklärung zunehmend die Einschätzung, dass eine moderne, durch die Herrschaft von Recht und Gesetz regulierte Monarchie («gemäßigte Monarchie», «konstitutionelle Monarchie») die freiheitliche Lebensform seiner Bürgerschaft («bürgerliche Freiheit») besser garantiert als eine republikanische Staatseinrichtung mit ihren enormen persönlichen Anforderungen an das politische Engagement des Einzelnen für das Gemeinwohl.

Im Hintergrund des Paradigmenwechsels in der Freiheitsauffassung vom römisch geprägten Republikanismus zu einer modern gestalteten, rechtlich geregelten und kommerziell orientierten Monarchie steht die vor allem von Vertretern der schottischen Aufklärung (A. Smith) entwickelte Vorstellung von der spontanen Ordnung und dem damit verbundenen sozialen Nutzen, die aus dem gezielten Verfolgen wirtschaftlicher Eigeninteressen durch frei konkurrierende Individuen entstehen. Doch sehen schon die Zeitgenossen, bei aller Sympathie für die progressive Dynamik der liberalen Gesellschafts- und Wirtschaftsform, auch die manifesten Nachteile der Kommerzialisierung und Individualisierung des sozialen Lebens, die sie insbesondere am Beispiel des politisch und wirtschaftlich prosperierenden England wahrnehmen.

Revolution und Reform

Nach Jahrzehnten wissenschaftlicher Kontroversen, theoretischer Diskussionen und publizistischer Auseinandersetzungen mündet die Aufklärungsepoche gegen Ende des 18. Jahrhunderts in zwei politische Großereignisse von welthistorischer Wirkung: die Amerikanische und die Französische Revolution. Dabei wird das frühere der beiden Geschehen – die politische Verselbständigung von Englands dreizehn nordamerikanischen Kolonien (1775–83) – auf dem europäischen Kontinent eher als innerbritische Auseinandersetzung wahrgenommen. Auch die anschließende Gründung der Vereinigten Staaten (1781–87), als des ersten großflächigen föderativ-republikanischen Staatengebildes nach dem Muster der wesentlich kleineren schweizerischen und niederländischen Bundesrepubliken, bleibt auf dem europäischen Kontinent noch bis in Hegels spätere Lebensjahre weitgehend außer Betracht.

Umso größere Beachtung erfahren Ausbruch und Verlauf der Französischen Revolution (1789–99), insbesondere im benachbarten territorial zersplitterten Deutschland, das der alte Reichsverband («Heiliges Römisches Reich deutscher Nation») nur noch lose zusammenhält. Die bald einsetzenden kriegerischen Auseinandersetzungen zwischen den europäischen Fürsten und dem revolutionären, inzwischen republikanisch verfassten Frankreich (Erster Koalitionskrieg, 1792–97) münden in die Annexion der linksrheinischen deutschen Territorien. Die weiteren kriegerischen Auseinandersetzungen zwischen dem revolutionären Frankreich und den alten europäischen Großmächten (Zweiter Koalitionskrieg, 1799–1802) stehen schon im Zeichen von Napoleons erst militärischer, dann auch politischer Führungsrolle (Staatsstreich, 1799).

Gut ein Jahrzehnt lang überzieht Napoleon, der sich selbst

zum Kaiser krönt (1804), Europa mit einer Serie von Eroberungskriegen, die große Teile des Kontinents, mit der notorischen Ausnahme Englands, in ein System von Bündnis- und Satellitenstaaten verwandelt. Die Wende bringen Napoleons gescheiterter Russlandfeldzug (1812) und die anschließende erfolgreiche Erhebung gegen sein Regiment über Europa («Befreiungskriege», 1813–15). Die dramatische Rückkehr des nach Elba verbannten Exkaisers («Hundert Tage», 1815) bleibt Intermezzo und endet mit Napoleons militärischer Niederlage (Schlacht bei Waterloo, 1815) und Verbannung auf die Atlantikinsel St. Helena.

Für die Generation Hegels, die während der Französischen Revolution erwachsen wird und die napoleonische Ära von Anfang bis Ende durchlebt, bedeuten die zu Ausgang des 18. und zu Beginn des 19. Jahrhunderts von Paris dominierten militärischen, politischen und gesellschaftlichen Entwicklungen in Europa vor allem Aufbruch und Wandel. Die Intellektuellen unter den Zeitgenossen («Dichter und Denker») greifen enthusiastisch die politischen, rechtlichen und gesellschaftlichen Ideale der Revolution («Freiheit, Gleichheit, Brüderlichkeit») auf. Allerdings bleibt die Begeisterung im Wesentlichen auf Sympathie beschränkt und mündet nur selten in revolutionäre Politik («Mainzer Republik», 1793). Auch Napoleon wird von den Zeitgenossen zunächst als Fortführer und Vollender der Revolution gesehen und für sein Programm einer rationellen und effizienten Neuordnung Europas geschätzt.

Doch sorgen die Verurteilung und Exekution des Königspaars («Königsmord», 1793) sowie die Gesinnungsdiktatur der Jakobiner («Schreckensherrschaft», 1793–94) bei den selbständig denkenden ausländischen Beobachtern schon bald für Enttäuschung und Abwendung von dem Revolutionsgeschehen. Ähnlich geht es der anfänglichen Bewunderung für Napoleon, die beträchtlich abflaut, als die Selbsternennung zum Kaiser seine dynastischen und imperialen Ambitionen klarwerden lässt. Statt auf plötzlichen gewaltsamen Umsturz (Revolution) setzen die fortschrittlich Gesinnten unter den Zeitgenossen auf langfristige und friedliche Verbesserung (Reform). Überdies sollen nach Vorstellung der meisten politisch Interessierten die fälligen Reformen nicht vom Volk ausgehen («von unten»), sondern von den Regierenden («von oben»).

Tatsächlich kommt es in Reaktion auf die Modernisierung von Recht und Verwaltung unter Napoleon (*Code Napoléon*, 1804) zu nachhaltigen Reformschüben im westlichen Europa, besonders im zeitweilig französisch besetzten Preußen sowie im Rheinland und im deutschen Südwesten. Doch tritt, insbesondere nach dem Sturz Napoleons, neben die revolutionäre und die reformerische Politik als dritter und dann vorrangiger Weg die restaurative Politik. Die europäischen Siegermächte beschließen, ohne darüber ihre Völker zu konsultieren, die Wiederherstellung der vorrevolutionären Ordnung (Wiener Kongress, 1814/15). In den deutschen Gebieten bleibt dabei die unter Napoleon vorgenommene Enteignung der kirchlichen Vermögen (Säkularisation, 1802/3) und die Aufhebung der politischen Selbständigkeit der zahlreichen lokalen und regionalen Herrschaftsgebilde (Mediatisierung, 1803–06) erhalten.

Hegel und seine Zeitgenossen erleben so nach dem Befreiungsschlag der Französischen Revolution und nach den gesellschaftlichen Modernisierungen der Napoleonischen Herrschaft die Rückkehr von absolutistischer Staats- und Kirchenautorität («Thron und Altar») verbunden mit der polizeilichen und gerichtlichen Unterdrückung von demokratischen, liberalen und republikanischen Bestrebungen («Karlsbader Beschlüsse», 1819, «Demagogenverfolgungen», ab 1820) in einem Klima von Zensur und Unterdrückung, das noch mehr als anderthalb Jahrzehnte über Hegels Lebensende hinaus bis zum Revolutionsjahr 1848/49 fortbesteht («Vormärz»).

2. Das Leben und das Werk: Von Tübingen über Jena nach Berlin

Die äußeren Stationen von Hegels Lebenslauf werden markiert von einer Abfolge von neun Städten in sieben politisch selbständigen Herrschaftsgebilden, die allesamt im heutigen Deutschland und der Schweiz liegen. Bildungsreisen im späteren Leben führen Hegel darüber hinaus nach Aachen, Dresden, Hamburg, Kassel, Köln, Koblenz und Trier sowie im Ausland nach Prag, Wien, Luxemburg, Amsterdam, Den Haag, Brüssel, Antwerpen, Gent und Paris. Wie die meisten seiner Zeitgenossen hat Hegel, bei aller Antikenbegeisterung, nie mediterranen Boden betreten. Auch England, das ihn wie etliche seiner Zeitgenossen politisch viel beschäftigte, hat Hegel nicht besucht.

Geboren wird Hegel in Stuttgart (1770), der Residenzstadt des Herzogtums Württemberg. Er studiert an der württembergischen Landesuniversität Tübingen (1788–93). Erste Anstellungen, als Hauslehrer, hat er in der Stadtrepublik Bern (1793–96) und in der Freien Reichsstadt Frankfurt (1797–99). Seine akademische Karriere beginnt Hegel an der Landesuniversität des Herzogtums Sachsen-Weimar in Jena (1801–06). Danach ist Hegel im Königreich Bayern tätig, zunächst als Zeitungsredakteur in Bamberg (1807–08), dann als Gymnasialrektor und -professor in der erst kürzlich zu Bayern gekommenen ehemaligen Freien Reichsstadt Nürnberg (1806–16). Seine relativ späte Karriere als Universitätsprofessor führt Hegel anfangs in das Großherzogtum Baden an die Universität Heidelberg (1816–18) und abschließend in das Königreich Preußen an die Universität Berlin (1818–31).

Im Folgenden wird Hegels Werk und Wirken auf diesen Stationen drei Abschnitten zum frühen, mittleren und späten Hegel zugeordnet. Der frühe Hegel sucht erst noch nach Orientierung und einer eigenen Position in den Debatten und Kontroversen seiner Zeit. Der mittlere Hegel leistet dann seinen eigenen originellen Beitrag zum philosophischen Verständnis der Gegenwart. Der späte Hegel schließlich stellt die eigene, philosophisch begriffene Zeit in den umfassenden Horizont der Geschichte in ihrem fortschreitenden Verlauf und endlichen Abschluss.

Der frühe Hegel

Hegel entstammt dem gebildeten Bürgertum. Die Familie hat Beamte und Pastoren hervorgebracht. Der Vater steht als Finanzbeamter im Dienst des Großherzogs. Die Mutter, die früh verstirbt (1783), ist gebildet und unterrichtet ihren Sohn noch vor dessen Schulbesuch im Lateinischen. Auf dem Stuttgarter Gymnasium (Gymnasium illustre) ist Hegel mehrere Jahre lang Klassenbester (Primus) und erwirbt sich die sprachlichen Grundlagen für seine späteren Studien in hebräischer, griechischer, lateinischer, französischer und englischer Literatur. Dazu kommen schon in der Stuttgarter Schulzeit ausgedehnte Kenntnisse in alter und jüngerer Geschichte, aber auch in Mathematik.

Auf die Gymnasialzeit geht auch Hegels Einübung in seine lebenslange Arbeitsweise des Exzerpierens, Kompilierens und Kommentierens historischer und zeitgenössischer Werke zurück. Von früh an und bis in seine späteste Zeit erarbeitet sich Hegel die eigenen Positionen auf der Grundlage intensiver historischer und systematischer Studien und in der gründlichen Auseinandersetzung mit vorliegenden, auch gegnerischen Positionen. Die arbeitsintensive Forschungsmethode Hegels, verbunden mit seiner Ambition, alles für das eigene Denken Einschlägige immer ausführlich und vollständig zu berücksichtigen, erklärt auch den recht langen Reifungsprozess von Hegels Denken. Nach der Schulzeit vergehen noch beinahe zwei Jahrzehnte, bevor sein erstes größeres eigenständiges Werk, die *Phänomenologie des Geistes*, endlich erscheint (1807).

Hegels Studienzeit in Tübingen gliedert sich in das zweijährige vorbereitende Studium der Philosophie, das er mit dem Magistergrad abschließt (1790), und das darauf aufbauende dreijährige Studium der protestantischen Theologie mit dem Lizenziat als Abschluss (1793). Erwartet ist der Eintritt des erfolgreich Examinierten in den Landeskirchendienst, dem sich Hegel durch den Weggang aus dem Großherzogtum Württemberg entzieht.

Die theologische Phase seines Studiums verbringt Hegel an der der Universität angegliederten protestantisch-theologischen Studienanstalt, dem Tübinger Stift. Dort ist Hegel zeitweilig Stubenkamerad von Friedrich Wilhelm Joseph Schelling (1775–1854) und Friedrich Hölderlin (1770–1843), mit denen er auch über Tübingen hinaus in freundschaftlicher Verbindung bleibt. Alle drei begeistern sich für die Französische Revolution. Insbesondere Hegel gerät in den Ruf, ein Jakobiner zu sein.

Tatsächlich sympathisiert Hegel später aber eher mit der von den Jakobinern unterdrückten gemäßigten Fraktion der Girondisten. Auch der angebliche Tanz des Tübinger Trios um einen eigens errichteten revolutionären Freiheitsbaum dürfte in das Reich der Fabel gehören. Ein weiteres solches Gerücht besagt, dass Hegel auch noch später in seinem Leben den Jahrestag der Französischen Revolution (Sturm auf die Bastille, 14. Juli 1789) mit dem rituellen Öffnen – und Entleeren – einer Bouteille begeht.

Gut verbürgt ist dagegen für die Tübinger Zeit Hegels erste Bekanntschaft mit der Philosophie von Immanuel Kant (1724–1804). Bei ihrem Versuch einer Aktualisierung der theologischen Lehre greifen damals einzelne Tübinger Theologen gezielt auf Kant zurück. Zu dieser Strategie gehört insbesondere die Anleihe bei Kants moralphilosophischer Begründung wesentlicher traditioneller Glaubensinhalte (Existenz Gottes und Unsterblichkeit der Seele) durch rationale Verfahren der Begründung («Vernunftglaube»). Doch distanziert sich Hegel schon in Tübingen von der theologischen Vereinnahmung Kants, der er schon bald ein eigenes, kritisches Verständnis von Kants Moraltheologie entgegenstellen wird.

Die erste seiner beiden Stellen als Hauslehrer, die er nach der Tübinger Zeit annimmt, führt Hegel in die agrarisch geprägte, territorial ausgedehnte unabhängige Stadtrepublik Bern, die damals, außer dem Berner Oberland und dem Aargau, auch einen großen Teil der frankophonen Schweiz (Waadtland, *Pays de Vaud*) umfasst. In die Berner Jahre (1793–96) fällt Hegels gründliche Beschäftigung mit Geschichte, Politik und Ökonomie im Rückgriff auf die einschlägigen Bestände der Privatbibliothek der Berner Patrizierfamilie, für die er als Erzieher arbeitet. Besonders hervorzuheben ist die eingehende Bekanntschaft mit Montesquieus *Vom Geist der Gesetze*.

Die anschließend an die Berner Jahre durch Hölderlin vermittelte Hauslehrerstelle in Frankfurt (1797–1801) erlaubt Hegel die Fortführung seiner historischen, politischen und ökonomischen Studien. Zu nennen ist hier insbesondere die Lektüre von Gibbons vielbändiger politischer Geschichte von Niedergang und Untergang des west- und oströmischen Reiches. Dazu kommt, wie schon in Bern, die Überarbeitung und Fortführung seiner in Tübingen begonnenen Aufzeichnungen über den historischen Charakter der christlichen Religion im Allgemeinen und der Person Jesu im Besonderen.

Während seiner Frankfurter Zeit erscheint auch Hegels erste, allerdings anonyme Veröffentlichung, bei der es sich um die gekürzte und mit eigenen Anmerkungen versehene Übersetzung einer polemischen Schrift zur Berner Herrschaft über das Waadtland handelt (*Vertrauliche Briefe* ..., 1798). Dabei ist das Waadtland zum Zeitpunkt der Publikation schon nicht mehr Berner Gebiet. Eine zweite zeitkritische Arbeit Hegels aus dem Jahr 1798, über die aktuellen politischen Verhältnisse im Großherzogtum Württemberg, ist nur äußerst fragmentarisch erhalten. Die beiden Texte von 1798 belegen das steigende Interesse Hegels an der politisch-philosophischen Zeitdiagnostik, das nun neben das religionsphilosophische Interesse tritt und dem gegenüber das Interesse an der Moralphilosophie Kants einstweilen zurücktritt.

In Frankfurt, wo er unter den Einfluss des philosophisch schon weiter fortgeschrittenen Hölderlin kommt, der ebenfalls dort als Hauslehrer tätig ist, ergänzt Hegel die von Kant vorgenommene rationale Reduktion der Religion auf ihren moralischen Kern («Vernunftreligion») durch die Berücksichtigung von Sinn und Funktion der Religion in ihren jeweiligen konkreten geschichtlichen und gesellschaftlichen Ausprägungen («Volksreligion»). Dabei steht für Hegel die zwiespältige Funktion der Religion im Vordergrund, die zum einen gesellschaftliche Konflikte und Spannungen zu entschärfen oder zu schlichten geeignet ist, zum anderen aber auch zu Verhärtungen und Verkrustungen führen kann («Positivität der Religion»).

Wie schon die überlieferten Texte aus Hegels Tübinger und Berner Zeit sind auch seine Frankfurter Aufzeichnungen größtenteils nur fragmentarisch und skizzenhaft erhalten und werden erst über ein Jahrhundert nach ihrer Entstehung publiziert. Das gilt auch für ein in Hegels Handschrift erhaltenes Blatt, das seit seiner Erstveröffentlichung mitten im Ersten Weltkrieg (1917) unter dem inauthentischen Titel «Das älteste Systemprogramm des deutschen Idealismus» (Franz Rosenzweig) Gegenstand von Spekulationen und Kontroversen ist und insgesamt betrachtet eher Hölderlin oder Schelling als Hegel zugeschrieben wird. Der mitten im Satz einsetzende kurze Text («eine Ethik ...») verbindet die an Kant und seinem Nachfolger Johann Gottlieb Fichte (1762–1814) orientierte, aber über beide hinausgehende Skizze eines philosophischen Systems (Ich, Natur, Politik, Geschichte und Religion) mit dem Programm einer pädagogisch-politischen Versöhnung von Mythos und Logos («Mythologie der Vernunft»).

Hölderlins Denken (und Dichten), das früh zu originellen Beiträgen in der nachkantischen philosophischen Debatte findet, steht auch hinter Hegels Frankfurter Versuch, den Gegensatz von moralisch purifizierter und historisch kontingenter Religion zu überwinden. Im Rückgriff auf Hölderlins poetisch-philosophische Vorstellung von der spannungsreichen Vereinigung der Gegensätze des Lebens («Vereinigungsphilosophie») verwendet Hegel erst den Begriff der «Liebe» und später den des «Leben», um die übergegensätzliche Einheit Entgegengesetzter zu kennzeichnen. Die von Hegel ursprünglich in religionsphilosophischen Gedankengängen entwickelte Konzeption einer alle Gegensätze umfassenden, dynamisch differenzierten Einheit wird bei ihm schon bald weitere, systematische Bedeutung annehmen.

Der mittlere Hegel

Mit dem Wechsel nach Jena und der Aufnahme einer akademischen Lehrtätigkeit (1801) ändern sich auch der Charakter und die Orientierung von Hegels Denken. Jena ist seit den späten 1780er Jahren das Zentrum für die Auslegung und Fortbildung der Philosophie Kants. Fichte entwickelt hier seine kantisch inspirierte Erkenntnislehre samt Moralphilosophie («Wissenschaftslehre»). Schelling erarbeitet hier beinahe zeitgleich mit Fichte das Programm einer die philosophische Lehre vom Wissen ergänzenden und vervollständigenden philosophischen Naturlehre («Naturphilosophie»). Zum Zeitpunkt von Hegels Eintreffen in Jena hat Fichte allerdings seine Jenaer Professur über der Anklage des Atheismus verloren und ist als Privatmann nach Berlin gezogen (1799). Auch Schelling verlässt Jena 1803, um eine Professur in Würzburg anzutreten.

Nach anfänglicher enger Assoziation mit Schelling und dessen Überlegungen zum gemeinsamen Ursprung von Wissen und Natur in einem unterschiedslosen Unbedingten («absolute Indifferenz») gelangt Hegel im Laufe der Jenaer Jahre zu einer eigenständigen philosophischen Lehre, in deren Zentrum die Konzeption einer gesetzlich geregelten Entwicklungsgeschichte der gesamten Wissens- und Weltformen steht. Die zugehörige Publikation, sein erstes Hauptwerk, schließt Hegel zu Ende seiner Zeit in Jena im unmittelbaren Umfeld der siegreichen Doppelschlacht Napoleons gegen Preußen und Sachsen bei Jena und Auerstedt (1806) ab. Das Werk erscheint dann im Folgejahr unter dem Titel *Die Phänomenologie des Geistes*.

Hegels Weg zur *Phänomenologie* verläuft über eine Reihe von Entwürfen samt fragmentarischen Ausführungen zu dem von ihm anvisierten umfassenden philosophischen System (*Jenaer Systementwürfe I, II* und *III*), die im Kontext seiner Jenaer Lehrtätigkeit entstehen. Das geplante Gesamtsystem, in das die *Phänomenologie* umfassend einführen soll, besteht aus drei Teilen: einem allgemeinen Teil zu dem traditionellen Doppelthema von Denken und Sein («Logik und Metaphysik»), gefolgt von zwei speziellen Teilen zu den Grundformen der natürlichen und der geistigen Welt («Philosophie der Natur», «Philosophie des Geistes»). In methodischer Hinsicht entwickelt Hegel in Jena den konstruktiven Umgang mit logischen Widersprüchen und realen Gegensätzen im Rahmen einer Steigerungsdynamik der sukzessiven Ausbildung von übergegensätzlicher Ganzheit («Dialektik»).

Aber auch die früheren religionsphilosophischen und politisch-gesellschaftlichen Fragestellungen aus Hegels Berner und Frankfurter Zeit finden eine Echo in Jena, wo Hegel verstärkt rechtsphilosophische und staatstheoretische Probleme behandelt. So beschäftigt er sich in kritischer Absicht mit dem rechtlich-politischen Zustand des Alten Reiches («Verfassung Deutschlands») kurz vor dessen Selbstauflösung unter dem Druck Napoleons, mit den jüngsten Veränderungen in seiner württembergischen Heimat unter dem Einfluss der französischen Entwicklungen und mit dem neuesten Bearbeitungsstand der philosophischen Rechtslehre («Naturrecht»).

Vor allem aber entwickelt der Jenaer Hegel in Auseinandersetzung mit Kants und Fichtes rein rationalen Rechtslehren eine originelle und wegweisende Auffassung von den Formen und Normen des Lebens in der rechtlich-politischen Gemeinschaft («System der Sittlichkeit»). Im Mittelpunkt von Hegels an antiken Vorstellungen (griechische Polis, römische Republik) orientiertem Gegenprogramm steht dabei die Überwindung der Alternative von bloß gesetzeskonformem Handeln («Legalität») und rein gesinnungsgegründetem Wollen («Moralität») durch das konkrete, ethisch geprägte Sozialleben («Sittlichkeit»). Die Sphäre der Sittlichkeit schließt für Hegel außer Solidarität und Gemeinschaftsgeist auch Konflikt und Katastrophe ein. Zum Beleg für das Scheitern im Sittlichen verweist Hegel auf die antike griechische Tragödie, besonders auf die *Antigone* des Sophokles, in der die sittlichen Mächte der Familie und des Staates in einen unlösbaren Gegensatz geraten.

Die Fortsetzung von Hegels akademischer Karriere verzögert sich jedoch noch um ein ganzes Jahrzehnt, während dessen Hegel zunächst kurze Zeit als Redakteur einer fränkischen Zeitung in Bamberg wirkt (1807–08) und dann für etliche Jahre als Schulrektor und Gymnasialprofessor in Nürnberg tätig ist (1808–16). In Nürnberg gelingt es Hegel, seine bürgerliche Existenz zu konsolidieren: 1811 heiratet er die Patriziertochter Marie von Tucher (1791–1855), mit der er zwei Söhne hat, Karl (1813–1901) und Immanuel (1814–91). In Nürnberg nimmt er auch für einige Zeit seinen unehelichen Sohn aus einem Jenaer Verhältnis (Ludwig Fischer, 1807–1831) in den Familienhaushalt auf. Karl Hegel wird später ein hoch angesehener Stadthistoriker («Städtehegel»); Immanuel Hegel bringt es zum hohen preußischen Regierungs- und Kirchenbeamten; Ludwig Fischer kommt früh als Söldner in holländischen Kolonialdiensten in Batavia (Indonesien) zu Tode.

Aus Hegels Nürnberger Jahren stammen eine Fülle von Notizen und Skizzen aus dem Umkreis seines Philosophieunterrichts in den gymnasialen Abschlussklassen, darunter Ausarbeitungen zur Logik, zur philosophischen Psychologie («Geistesphilosophie»), zur Rechts- und Staatsphilosophie sowie zur Moralphilosophie und Religionslehre, aber auch zur gedrängten Gesamtdarstellung der Philosophie («Philosophische Propädeutik»). Als Hegel dann einen Ruf auf eine reguläre Professur an der Universität Heidelberg erhält und annimmt, arbeitet er dort die frühere Darstellung der Philosophie nach Teilen und Ganzem zu einem detaillierten akademischen Lehrprogramm aus (*Enzyklopädie der philosophischen Wissenschaften*, 1817). In Nürnberg erscheint auch die umfangreiche Abhandlung des ersten der drei Teile seines schon in Jena geplanten philosophischen Systems, der nunmehr die zuvor noch separat ausgearbeitete Logik und Metaphysik in vereinheitlichter Form («spekulative Logik») darstellt (*Die Wissenschaft der Logik*, 1812–16).

Der späte Hegel

Mit dem Antritt seiner Professur an der noch recht jungen Universität Berlin erreicht Hegel die letzte, längste und wirkungsmächtigste Station seiner akademischen Laufbahn (1818–1831). In Berlin ist er der Nachfolger Fichtes, dessen Professur vier Jahre lang unbesetzt geblieben war. Zu seinen Kollegen – und erbitterten Konkurrenten – an anderen Fakultäten der Berliner Universität zählen der Theologe Friedrich Schleiermacher, dessen gefühlsbetonte Religionsauffassung mit Hegels religiösem Rationalismus kontrastiert, sowie der Rechtsgelehrte Friedrich Carl von Savigny, dessen historischer Zugang zu Recht und Gesetz mit Hegels rationaler Rekonstruktion rechtlicher Regelungen kollidiert. Auch als endlich arrivierter Berliner Philosophieprofessor bleibt Hegel umstritten und angefeindet. Die gespaltene Reaktion auf sein Werk wird noch seine durchaus beträchtliche Nachwirkung prägen. 1827 übt Hegel immerhin das Amt des Rektors der Berliner Universität aus. In die Preußische Akademie der Wissenschaften wird Hegel aber genauso wenig aufgenommen wie sein Vorgänger Fichte.

Hegels Berliner Wirken umfasst vor allem eine ausgebreitete Vorlesungstätigkeit, mit der er im bescheidenen Ausmaß auf die heranwachsende Akademikergeneration in Preußen und darüber hinaus im protestantischen Deutschland wirkt. Breitere und längerfristige Wirkung erzielt Hegels reifes Denken mit der postumen Publikation seiner Berliner Vorlesungszyklen. Dank ihrer Verbindung von eingängiger, aber anspruchsvoller gedanklicher und sprachlicher Form und konkreter kultureller Detailfülle prägen Hegels Berliner Vorlesungen die philosophisch-literarische Bildungswelt des späteren 19. und auch noch des 20. Jahrhunderts. Neben den umfangreichen Vorlesungen zur Philosophie der Geschichte, zur Philosophie der Kunst, zur Philosophie der Religion und zur Geschichte der Philosophie sind es vor allem die schon von ihm selbst veröffentlichten Vorlesungen über die Philosophie des Rechts (*Grundlinien der Philosophie des Rechts*, 1820; mit der Jahresangabe 1821), mit denen Hegel als politisch-philosophischer Denker der Moderne bis heute fortwirkt.

Zu den weiteren Veröffentlichungen Hegels aus seiner Berliner Zeit gehört die zweimalige Neubearbeitung der *Enzyklopädie*, mit der er die Heidelberger Vorgängerversion beträchtlich ergänzt (1827, 1830). Die Neuauflage der *Logik* gelangt, bedingt durch Hegels Tod, nicht über den ersten Band hinaus (1831). Daneben erscheinen nur kleinere Aufsätze und einige Buchbesprechungen philosophischer Werke, letztere vor allem in den von Hegel 1827 mitbegründeten und über fünf Jahre redigierten *Jahrbüchern für wissenschaftliche Kritik*. In die Berliner Zeit fallen auch ausgedehnte Bildungsreisen Hegels, die ihn vor allem nach Dresden, Prag, Wien und Paris führen, wo er die Museen und Sammlungen aufsucht und nachhaltige Eindrücke empfängt, die sich in seinen Vorlesungen zur Ästhetik niederschlagen. In Berlin ist Hegel ein regelmäßiger und engagierter Besucher von Theater und Oper. Seine seit den Tübinger, Berner und Frankfurter Jahren bestehenden tagespolitischen Interessen pflegt Hegel weiter durch regelmäßige Lektüre in- und ausländischer Zeitungen.

Gegen Ende seines Lebens nimmt Hegel noch mit gemischten Gefühlen den Umsturz der nach dem Fall Napoleons restaurierten Bourbonenmonarchie zur Kenntnis (Julirevolution 1830). Hegel stirbt 1831 in Berlin bei einer Choleraepidemie. Auf eigenen Wunsch wird er neben Fichte begraben. Sein früherer Tübinger Stubenkamerad und Jenaer Kollege Schelling überlebt ihn – erst in München, dann ab 1841 als sein Nachfolger in Berlin – um mehr als zwei Jahrzehnte (1854), sein anderer Tübinger Stiftskamerad und Frankfurter Förderer Hölderlin – im Tübinger Turm, wo man den geistig Verwirrten verwahrt – immerhin um mehr als ein Jahrzehnt (1843).

3. Die *Phänomenologie des Geistes*: Die Erfahrung des Bewusstseins

Von Hegel liegen vier von ihm selbst veröffentlichte Hauptschriften vor, deren jede aus einer anderen Phase seines Lebens stammt. Die Jenaer Jahre kulminieren in der *Phänomenologie des Geistes*. Die *Wissenschaft der Logik* stammt aus Hegels Zeit in Nürnberg. Die *Enzyklopädie der philosophischen Wissenschaften* erscheint erstmals in der Heidelberger Phase. Die *Grundlinien der Philosophie des Rechts* schließlich werden von Hegel zu Beginn der Berliner Periode veröffentlicht. Die vier Hauptwerke Hegels liefern die sukzessive Ausarbeitung seiner integral geplanten Philosophie («System», «Wissenschaft»): von der monumentalen Einleitung in Gestalt der *Phänomenologie* über den ausgearbeiteten ersten Teil, die *Logik*, zur generellen Gesamtdarstellung in der *Enzyklopädie* und der detaillierten Darstellung der praktischen Philosophie in den *Grundlinien*.

Im Aufbau von Hegels Systemphilosophie nimmt die *Phänomenologie* eine Sonderstellung ein. Auf dem Titelblatt der Originalausgabe ist sie noch als erster Teil des «Systems der Wissenschaft» ausgewiesen. Doch Hegels systematisch dargestellte Philosophie ist von Anfang an dreiteilig angelegt, beginnend mit der Formalphilosophie der Logik (und Metaphysik), an die sich die Realphilosophie der Natur und des Geistes anschließen. Ein Ausschnitt aus dem systematischen Programm der *Phänomenologie* von 1806 taucht später wieder auf innerhalb der Philosophie des Geistes (*Enzyklopädie*; 1817, 1827 und 1830). Doch ist die ursprüngliche Fassung der *Phänomenologie* damit nicht überholt. Noch kurz vor seinem Tod plant Hegel eine Neuedition, die aber nicht mehr zustande kommt.

Subjekt und Substanz

Ihrem Selbstverständnis nach ist die *Phänomenologie* nicht so sehr ein integraler Teil des wissenschaftlichen Systems der Philosophie, sondern die gründliche, ihrerseits systematisch angelegte Hinführung zur wissenschaftlich-systematischen Gestalt der Philosophie. Wenn «Geist» der Zentralbegriff von Hegels ausgereifter Philosophie ist und die wissenschaftliche Darstellung des Geistes deren Aufgabe, dann übernimmt es die *Phänomenologie*, auf diesen Wissensstand hinzuführen und so das wirkliche Wissen vom Geist allererst zu begründen. Statt die Wissenschaft vom Geist in deren drei Bereichen (Logik, Naturphilosophie, Geistesphilosophie) selbst zu liefern, enthält die *Phänomenologie* deshalb nur erst die Darstellung des Geistes, wie er sukzessive in Erscheinung tritt; «Phänomenologie» bedeutet «Erscheinungslehre».

Die *Phänomenologie* ist so nicht schon die ausgefeilte philosophische Wissenschaft des Geistes, sondern beschreibt und vollzieht den weiten Weg von verschiedenen vorwissenschaftlichen Ansichten durch die vielen Formen von vermeintlichem Wissen zum eigentlichen Wissen – der Wissenschaft des Geistes. Allerdings nimmt die *Phänomenologie*, bedingt durch ihre detaillierte Darstellung der Entwicklungsgeschichte des Geistes, in vieler Hinsicht Grundzüge und Einzelheiten der später ausgearbeiteten Philosophie des Geistes vorweg. Das gilt insbesondere für die Entwicklung des Begriffs des Geistes selbst, der im Zentrum der *Phänomenologie* wie der *Enzyklopädie* steht.

Das eigentümliche Verfahren der *Phänomenologie* besteht darin, den Geist auf seiner Odyssee beobachtend und analysierend zu begleiten. Die stufenweise Entwicklung des Geistes, der erst ganz am Ende der *Phänomenologie* zu seiner adäquaten Gestalt gelangt, ist Gegenstand einer philosophischen Rekonstruktion von Zusammenhängen und Gesetzlichkeiten, die sich unbemerkt, gleichsam «im Rücken» des sich herausbildenden Geistes, abspielen. Hegel kennzeichnet den Wissensvorsprung des phänomenologisierenden Geistes (Subjekt Geist) gegenüber dem phänomenologisierten Geist (Objekt Geist) mittels der Differenz zwischen dem beschränkten Wissensstand auf der jeweiligen Entwicklungsstufe des Geistes («für es») und dem überlegenen Erkenntnisstand der *Phänomenologie* und ihrer Leserschaft («für uns»).

Es ist die Pointe der *Phänomenologie* und von Hegels Philosophie des Geistes ganz generell, dass die Entwicklung des Geistes in dessen Selbstverwirklichung unter der Form von Selbsterkenntnis besteht. Doch liegt die wissende Selbstbeziehung des Geistes zuerst nur implizit und insofern verborgen vor, um erst nachher und nur schrittweise explizit und damit offenbar zu werden. In Hegels charakteristisch abstrakter Ausdrucksweise für diese und ähnliche Verhältnisse formuliert, bestehen die für den Geist konstitutiven Verhältnisse zuerst nur «an sich», nicht aber «für sich», um erst ganz am Ende der Entwicklung des Geistes «an und für sich» vorzuliegen.

Der Geist ist für Hegel in der *Phänomenologie* und darüber hinaus in seiner reifen Philosophie ganz generell aber nicht nur implizite oder explizite wissende Selbstbeziehung. Als Konzept in der Nachfolge von früheren Begriffen für Alleinheit bei Hegel wie «Liebe» und «Leben» ist der Geist zu verstehen als das dynamische Grundprinzip aller Wirklichkeit. Damit steht Hegels Geistbegriff in der Tradition des philosophischen Nachdenkens über den inneren, einheitlichen Zusammenhang der Wirklichkeit in der Vielfalt ihrer Formen und Gestalten. Der technische Terminus der zeitgenössischen Philosophie, insbesondere bei Fichte und Schelling, für den gesuchten all-einen Grund von Wirklichkeit lautet «das Absolute».

Während aber Fichte und Schelling das Absolute für aller Differenz entzogen erachten und den Begriff tendenziell theologisch ausgestalten («Sein», «Gott», «absolute Indifferenz»), insistiert Hegel auf dem Entwicklungscharakter des als Geist gefassten Absoluten. Für Hegel gilt gleichermaßen, dass das Absolute seiner Natur nach Geist ist und dass der Geist das Absolute selbst ist. In der *Phänomenologie* bringt Hegel die gleichsetzende Zusammenführung von Absolutem und Geist – von Unendlich-All-Einem und wissender Selbstbeziehung – auf die

Formel, dass das Absolute ebenso sehr als (absolute) «Substanz» wie als (absolutes) «Subjekt» zu denken ist.

Doch gilt die Identifikation von Absolutem und Geist zunächst nur der Sache nach («an sich»). Im Horizont des nur erst erscheinenden Geistes («für sich») ist der Geist noch nicht absolut-unendlich, sondern in Endlichem, Gegensätzlichem und Bedingtem befangen. Erst im Verlauf der Bildungsgeschichte des Geistes gelangt dessen essentielle Absolutheit zur Verwirklichung. Dementsprechend behandelt die *Phänomenologie* zunächst solche Ausprägungen des Geistes, die noch nicht Geist im spezifischen Sinne sind. Auf späteren, weiter fortgeschrittenen Stufen des erscheinenden Geistes figuriert dann der Geist als solcher, und erst ganz am Ende der *Phänomenologie* kommt es zur Vollendungsgestalt des Geistes als «absolutes Wissen».

Die Abfolge der Hauptgestalten des erscheinenden Geistes verläuft von den Formen des gegenständlichen Bewusstseins über die des Selbstbewusstseins zur Vernunft in deren doppelter Ausprägung als theoretischer und praktischer Vernunft. Erst danach erscheint der Geist als solcher in seinen praktisch dimensionierten Hauptgestalten, darunter der Moralität. Als eigene, wiederum weiter differenzierte Geistesgestalt schießt sich die Religion unter Einschluss der religiös gedeuteten antiken Kunst («Kunst-Religion») an. Die Spannweite der Erscheinungsformen des Geistes – Hegel spricht bevorzugt von «Gestalten» – reicht also von individuell verfassten Bewusstseinsformen über sozial und kulturell vermittelte Bewusstseinsleistungen zu geschichtlich geprägten Formen geistigen Lebens.

Gemeinsam ist den verschiedenen in der *Phänomenologie* vorgeführten Gestaltungen des Geistes, mit Ausnahme der Endgestalt des absoluten Wissens, der Grundgegensatz von Wissenszustand («Gewissheit») und Wissensgegenstand («Wahrheit»). Im Nachhinein stellt sich aber immer wieder heraus, dass es sich bei der jeweiligen Geistesgestalt nur um vermeintliche Gewissheit und um vermeintliche Wahrheit handelt. Den Lernprozess des in seinen Gewissheits- und Wahrheitsformen stets von neuem enttäuschten erscheinenden Geistes bezeichnet Hegel als die «Erfahrung des Bewusstseins». Die jeweilige Gestalt des Geistes macht die Erfahrung der Hinfälligkeit und Unzuverlässigkeit der mit ihr verbundenen Bewusstseinsverhältnisse. Gewissheit und Wahrheit lösen sich immer wieder auf in Ungewissheit und bloßen Schein.

Hegel porträtiert den von Enttäuschungen geprägten Bildungsverlauf des erscheinenden Geistes in geradezu existenzieller Intensität, wenn er den immer wieder eintretenden Zweifel an einer zunächst scheinbar stabilen Bewusstseinsverfassung («Gewissheit», «Wahrheit») nicht nur als ein theoretisches Zweifeln an dieser und jener Gewissheit oder Wahrheit darstellt, sondern als praktische «Verzweiflung» des erscheinenden Geistes an der eigenen Befähigung zum Erreichen von Gewissheit und Wahrheit ausgibt. Die *Phänomenologie* in ihrem vielfach gestuften Verlauf erweist sich so ebenso als die Bildungsgeschichte wie als das Zerstörungsszenario des erscheinenden Geistes («Schädelstätte des Geistes»).

Für Hegel, der hier ein geradezu tragisches Verständnis des Geistes und damit der Wirklichkeit insgesamt bekundet, verläuft geistiger Fortschritt und Aufbau durch Enttäuschung und Untergang hindurch. Doch besteht die für den Geist in dessen gezielter Entwicklung charakteristische, ja notwendige Gestaltungsform bei Hegel nie nur in Verneinung. In eins mit der Verabschiedung eines vormals Gültigen liefert die sukzessive Negation einer geistigen Gestalt nach der anderen den Übergang zur jeweils nächsten typischen Erscheinungsgestalt des Geistes. Der sich einstellende Widerspruch, der eine gegebene Gestalt des Geistes zum Verschwinden bringt («aufhebt» im Sinne von «tolliert»), generiert auch, so Hegel, die jeweilige Nachfolgegestalt des Geistes, zu der die vorangegangene Gestalt übergegangen ist («aufgehoben» im Sinne von «eleviert»).

Das Verhältnis von konstruktiver Aufhebung zwischen den einander nachfolgenden Gestalten des Geistes, bei dem die Verneinung etwas Altes nicht nur negiert, sondern es zugleich durch etwas Neues, Besseres ersetzt, kennzeichnet Hegel als «bestimmte Negation». Allerdings bleibt dem sich allererst entwickelnden Geist die konstruktive Dimension der Verneinung vorerst verborgen. Erst in der philosophischen Beobachterperspektive auf den erscheinenden Geist («für uns») und in der Retrospektive des vollendeten Geistes («absolutes Wissen») erweist sich die Abfolge der Gestalten des Geistes als eine logische und überdies vollständige Folge auseinander gesetzmäßig hervorgehender Gestalten des Geistes. Der in der *Phänomenologie* entfaltete Ordnungszusammenhang unter der faktischen Vielfalt der Formen des Bewusstseins ist aber keineswegs eine interpretierende Zutat des philosophischen Beobachters, der sie von außen an das vielfältige Material herantragen würde. Vielmehr handelt es sich, so Hegel, um die Eigenbewegung des erscheinenden Geistes selbst.

Bewusstsein und Gegenstand

Das Porträtieren der einzelnen Gestalten des Bewusstseins in der *Phänomenologie* erfolgt mit einer für Hegels Denk- und Schreibstil typischen Mischung aus trockener Reflexion und konkreter Illustration. Die nicht selten drastische Darstellung der Eigentümlichkeiten und Unzulänglichkeiten einer gegebenen Gestalt des Geistes geht immer wieder zusammen mit generellen hochabstrakten Überlegungen zu den systematischen Anforderungen an einen adäquaten Begriff von Wissen wie Wirklichkeit. Das für die *Phänomenologie* mehr als für andere Werke Hegels charakteristische Ineinander von Spekulation und Konkretion spiegelt sich auch in den Titelgebungen einzelner Abschnitte des Werkes wider. So handelt die *Phänomenologie* unter generellen Kapitelüberschriften wie «Selbstbewusstsein», «Vernunft» und «Geist» im Einzelnen von «Herrschaft und Knechtschaft», vom «unglücklichen Bewusstsein», von «Physiognomik und Schädellehre», von den «Gesetzen des Herzens» und dem «Wahnsinn des Eigendünkels» und vom «geistigen Tierreich».

Zwar kennzeichnet Hegel insbesondere die anfänglichen Gestalten des Geistes – im Umkreis von Bewusstsein und Selbstbewusstsein – wegen ihrer naiven Auffassungen des Verhältnisses von Wissen («Gewissheit») und Wirklichkeit («Wahrheit») als «natürlich». Doch meint die behauptete Natürlichkeit dieser

Positionen ihren aus Hegels Sicht festzustellenden Mangel an Reflektiertheit und Aufgeklärtheit. Die so kritisierten Gestalten des Geistes sind aber nicht etwa krude Vorurteile des gemeinen Verstandes, sondern historisch vorliegende und philosophisch begründete Ansichten von Wissen und Wirklichkeit.

Zu den von Hegel in den eröffnenden Partien der *Phänomenologie* erst rekonstruierten und dann destruierten Positionen der Philosophie zählen der antike Skeptizismus und Stoizismus. Doch geht es Hegel nicht um eine historisch exakte Auseinandersetzung mit früheren Philosophien. Die überlieferten Auffassungen werden auf Typen des Denkens reduziert. Auch fehlen in der *Phänomenologie* durchweg direkte Bezugnahmen auf spezifische Autoren und Texte. Dadurch wirkt die geschichtliche Dimension des Geistes in der *Phänomenologie* seltsam verfremdet. Die im Hintergrund des Werkes stehenden Texte und Positionen antiker, aber auch neuzeitlicher und zeitgenössischer Philosophen werden durchweg ins Generelle gewandelt und dem Duktus von Hegels Gedankengang angepasst.

Beispielhaft wird Hegels Verfahren in der *Phänomenologie* schon an der Darstellung der allerersten Erscheinungsgestalt des Geistes sichtbar. Es ist dies die primitive Gewissheit aufgrund des direkten Zeugnisses der Sinne («sinnliche Gewissheit»). Das Wissen solcher Art ist «unmittelbares Wissen» in dem spezifischen Sinn, dass es ein «Wissen des Unmittelbaren oder Seienden» ist. Von der allereinfachsten Wissensform der sinnlichen Gewissheit ist deshalb auch jede begriffliche Bestimmung fernzuhalten. In Hegels pointierter Formulierung handelt es sich um ein bloßes «Auffassen» ohne jedes «Begreifen».

Die für alles Wissen charakteristische Entgegensetzung sowie Korrespondenz von Wissendem (Subjekt) und Gewusstem (Objekt) nimmt sich im Fall der sinnlichen Gewissheit zunächst recht vielversprechend aus. Die sinnliche Gewissheit erscheint ihrem konkreten Inhalt nach als unendlich reichhaltig. Ihr Gegenstand sind sinnliche Daten aller Arten und Vielfalt. Ihr Wissen enthält keinerlei Begrenzung, sondern geht auf die ganze Fülle des durch die Sinne Gebotenen. Doch dieser Eindruck täuscht. Genauer betrachtet sind Subjekt wie Objekt der sinnlichen Gewissheit nicht besonders reich, sondern ganz arm, ja armselig. Sinnlich gewiss ist immer nur ein abstraktes «Dieses» – eine Stelle im Raum oder in der Zeit. Jede Füllung einer solchen, an ihr selbst leeren Raum- und Zeitstelle durch ein inhaltlich Bestimmtes greift schon auf etwas zurück, das mit den Mitteln der sinnlichen Anschauung allein nicht erfasst werden kann. Gegenstand der sinnlichen Gewissheit ist so die bloße Existenz eines Etwas ohne jede Bestimmung («Sein»).

Eine ähnliche Leere kennzeichnet, Hegel zufolge, auch das Subjekt der sinnlichen Gewissheit. Entgegen dem ersten Anschein ist das jeweilige Bewusstsein von sinnlicher Gewissheit nicht etwa besonders inhaltsreich ausgestaltet. Vielmehr handelt es sich um ein bloßes, noch gänzlich unbestimmtes Bewusstsein überhaupt («reines Ich»). Jede Bestimmung dieses rein formalen Ichbewusstseins greift auf Inhalte zurück, die nicht der unmittelbaren sinnlichen Gewissheit entstammen. Schließlich ist auch die Beziehung selbst zwischen dem reinem Ich und dem bloßem Diesen kein Fall von eigentlichem Wissen, sondern lediglich ein vages Intendieren («Meinen») und deshalb gerade nicht zuverlässig und aussagekräftig.

Kurzum: die sinnliche Gewissheit hat sich in ihr gerades Gegenteil verkehrt. Sie besitzt weder einen konkreten Gegenstand noch verfügt sie über ein konkretes Subjekt. Und auch die Erkenntnisrelation zwischen dem Subjekt und dem Objekt der sinnlichen Gewissheit ist nicht von Gewissheit getragen, sondern durch Unbestimmtheit und Vagheit charakterisiert. Vor allem aber scheitert die sinnliche Gewissheit mit ihrem grundsätzlichen Anspruch, bei ihr sei das erkennende Subjekt durch die Sinne auf ein vom Wissen unabhängiges Objekt bezogen. Die vorgebliche Unabhängigkeit des sinnlich gegebenen Gegenstandes löst sich bei genauerer Betrachtung («für uns») auf in elementare Sinnesqualitäten, die gänzlich abhängig sind von den Formen und Funktionen des sinnlichen Bewusstseins. In Hegels Terminologie formuliert gibt es bei der sinnlichen Gewissheit keine von der Gewissheit unabhängige Wahrheit.

Das Resultat des Eingangskapitels zur sinnlichen Gewissheit liefert auch das Verfahrensmuster für die anschließenden Kapitel der *Phänomenologie* und für die kritische Rekonstruktion der weiteren Gestalten des Bewusstseins. Ganz generell besteht der Erkenntnisverlauf des erscheinenden Geistes in einer enttäuschenden Erfahrung, die das Bewusstsein immer wieder machen muss: Der als unabhängig vom Wissen aufgefasste Gegenstand erweist sich ganz im Gegenteil als abhängig vom Bewusstsein. Das Wahre steht dem Wissen nicht separat gegenüber, sondern ist ihm intrinsisch zugeordnet und vom ihm zutiefst geprägt.

Die in der *Phänomenologie* sich immer wieder einstellende Erkenntnis («Erfahrung»), dass ein Gegenstand wesentlich von seiner Erkenntnis bestimmt ist, bildet allerdings nicht schon einen Teil des natürlich-naiven Weltverständnisses, sondern ist Resultat einer zunehmend adäquateren Einsicht in die Beschaffenheit und Funktionsweise des Geistes. Im Hintergrund steht dabei ein Grundverständnis der Erkenntnisrelation von Erkennendem und Erkanntem, das Hegel als Idealismus fasst. In der Sache handelt es sich um die auf Kants *Kritik der reinen Vernunft* (1781, 1787) zurückgehende Einsicht, dass die grundsätzlichen Formen, die eine Erkenntnis strukturieren («ermöglichen»), zugleich auch die grundsätzlichen Formen der Gegenstände dieser Erkenntnis bilden. Die Gegenstände der Erfahrung sind deshalb für Kant nicht unabhängig vorliegende Objekte («Dinge an sich»), sondern die Gegenstände, wie sie dem Erkenntnissubjekt («uns») nach Maßgabe der allgemeinen Erkenntnisformen vorkommen («Erscheinungen»).

In der *Phänomenologie* generalisiert und dramatisiert Hegel die Kantische Lehre vom Erscheinungscharakter der empirischen Gegenstände zu einem immer weiter expandierenden Idealismus, der nach und nach sämtliche Gestalten des Geistes erfasst. Doch während bei Kant der Idealismus wesentlich in der Herabstufung von Dingen-an-sich zu Dingen-für-uns besteht, zielt das idealistische Denken bei Hegel darauf ab, dem Bewusstsein in seinen vielen Formen («Wissen») wie der Wirklichkeit in ihrer Vielfalt («Wahrheit») zunehmend und schließlich komplett geistigen Charakter («Geist») zuzuschreiben. Wenn die *Phänomenologie*, in Hegels eigener Einschätzung, das fortgesetzte Zweifeln an allem und jedem vermeintlichen

Wissen und vorgeblichen Wirklichen vollzieht («sich vollbringender Skeptizismus»), dann ist sie ebenso sehr der sich verwirklichende Idealismus, durch den sich der Geist in seinem zunehmenden Wissen von sich mehr und mehr als das Wirkliche selbst erweist.

Herrschaft und Knechtschaft

Die grundsätzlich, von Anfang an gegebene und nach und nach auch erkannte geistige Prägung der Wirklichkeit verleiht den Wissensformen der *Phänomenologie* den Charakter eines mit Selbstbewusstsein verbundenen gegenständlichen Bewusstseins. In dem Maße, in dem sich eine Bewusstseinsform ihrer konstituierenden Funktion für einen Gegenstandstypus bewusst wird, wird sich das Bewusstsein darüber auch seiner selbst bewusst. Genau wie das gegenständliche Bewusstsein unterliegt auch das Selbstbewusstsein in der *Phänomenologie* einer ausgedehnten, vielstufigen Entwicklung. Die Formen des Selbstbewusstseins reichen dabei von der gänzlich abstrakten und inhaltsleeren Gewissheit seiner selbst («Ich») bis zum völligen Zusammenfallen von Gegenstands- und Selbstbewusstsein in einem Wissen, das ganz auf sich selbst bezogen ist («absolutes Wissen»).

Der Vorgänger für die zunehmende Zusammenführung von Gegenstandsbewusstsein und Selbstbewusstsein bei Hegel ist Kant mit seiner Lehre vom Selbstbewusstsein als notwendiger Bedingung für Gegenstandsbewusstsein. Kant zufolge ist es der Grundgedanke «ich denke», der erst den verschiedenen Vorstellungen von Gegenständen zu einem einheitlichen Bewusstsein verhilft, das dann in eins Bewusstsein des Gegenstandes und Bewusstsein seiner selbst ist («Apperzeption»). Für Kant wie für Hegel gilt deshalb: kein Gegenstandsbewusstsein ohne Selbstbewusstsein; und kein Selbstbewusstsein ohne Gegenstandsbewusstsein.

Doch bei Kant ist das Selbstbewusstsein-im-Gegenstandsbewusstsein (oder das Gegenstandsbewusstsein-mit-Selbstbewusstsein) rein theoretisch definiert – als begleitendes Mitbewusstsein des erkennenden Subjekts von den eigenen Denkleistungen (Urteilen) und deren Produkten (Gegenständen). Dagegen ist das Selbstbewusstsein bei Hegel, der darin der Umdeutung Kants durch Fichte folgt, primär praktisch verfasst. Für Fichte steht am Ursprung des Selbstbewusstseins nämlich kein bloß theoretischer Akt der Reflexion, sondern ein Handlungsbewusstsein, in dem Selbsttun und Von-sich-Wissen unmittelbar zusammenfallen.

Noch in anderer Hinsicht folgt Hegels Auffassung des innig verschränkten Gegenstands- und Selbstbewusstseins in der *Phänomenologie* den Analysen seines Jenaer Vorgängers, dem er Jahrzehnte später in Berlin nachfolgen wird. Für Fichte sind Bewusstsein wie Selbstbewusstsein nicht Errungenschaften des isolierten Individuums, sondern Funktionen von dessen sozialer Existenz. Für Fichte, dem Hegel darin folgt, wird ein Individuum nur und erst unter seinesgleichen voll funktionsfähig. Von besonderer Bedeutung für Hegels Verständnis von Selbstbewusstsein in der *Phänomenologie* ist Fichtes Kennzeichnung der positiven wechselseitigen Beziehung zwischen freien Individuen als solchen durch den Begriff der «Anerkennung», genauer der «wechselseitigen Anerkennung», bei der jedes das andere als seinesgleichen ansieht und behandelt.

Während aber der Anerkennungsbegriff bei Fichte eine primär rechtlich-politische Funktion ausübt und die gleiche Freiheit aller zum Zweck hat, steht bei Hegel das Streben nach Anerkennung im Zentrum eines fiktiven sozialen Dramas um Machtgewinn und -ausübung («Kampf um Anerkennung»). Auch der Ursprung und die Ausgestaltung des Selbstbewusstseins sind für Hegel gesellschaftlich vermittelt und durch das Austragen von zwischenmenschlichen Konflikten bedingt und geprägt. Die konfliktreiche Auseinandersetzung, die dem Zustandekommen von Selbstbewusstsein zugrunde liegt, bringt Hegel unter den provokanten Titel «Herrschaft und Knechtschaft», der Verhältnisse von Ungleichheit statt Gleichheit und von Unfreiheit neben Freiheit anzeigt.

Das dramatisch ausgestaltete Ursprungsszenario von Selbstbewusstsein legt Hegel typologisch an. Statt von ganzen gesellschaftlichen Gruppen – wie Ständen, Korporationen oder Klassen – wird im Singular von einem repräsentativen Individuum gehandelt («der Herr», «der Knecht»). Auch fehlen konkrete Details, die Entstehen und Ablauf des Konflikts historisch spezifizieren könnten. Trotzdem sind in die Interpretationen und Übersetzungen des sogenannten Herr-Knecht-Kapitels der *Phänomenologie* immer wieder Festlegungen eingebracht worden, die das dargestellte abstrakte Machtverhältnis nach Maßgabe der antiken Institution der Sklaverei oder der mittelalterlichen Einrichtung des Lehnswesen ausdeuten (*master – slave, lord – bondsman*).

Hegel selbst reduziert das einschlägige Geschehen auf einen persönlichen Kampf auf Leben und Tod, in dessen Verlauf die eine Partei («Knecht») aus Todesfurcht den Kampf aufgibt und sich der anderen Partei («Herr») unterwirft. Auf dieses unmittelbare Ergebnis des Kampfes wendet Hegel nun die Begrifflichkeit von Anerkennung so an, dass der Knecht den Herrn als solchen «anerkennt». In der weiteren Ausgestaltung des grundsätzlichen Verhältnisses von todesmutigem Herrn und todesfürchtigem Knecht überträgt Hegel dann die ursprünglich machtpolitische Konstellation ins Wirtschaftliche. Der Knecht leistet dem Herrn Dienste («Arbeit»). Die Form des Arbeitsverhältnisses – ob gegen Vergütung oder auf bloßen Befehl – bleibt allerdings ebenso unerörtert wie die Art der Arbeit.

Im Zentrum von Hegels Doppelporträt des knechtischen Arbeitnehmers und des herrischen Arbeitgebers steht die differenzielle Darstellung der Lebensweise der beiden Figuren. Der Knecht bearbeitet, so Hegel, die Dinge mit dem Resultat, dass er sich darüber die Welt produktiv aneignet («Bildung»). Dagegen genießt der Herr passiv und unproduktiv die Früchte der Arbeit des Knechts und bleibt so gegenüber den Dingen und der Welt auf Abstand. Genau besehen ist also das Verhältnis des Herrn zur Welt vermittelt durch den Knecht, dessen Arbeit und deren Produkte. So betrachtet ist nicht der Knecht vom Herrn abhängig, sondern umgekehrt der Herr vom Knecht. Die damit sich abzeichnende Umkehrung im Verhältnis von Herr und Knecht wird von Hegel nicht weiter ausgeführt. Doch ist die heimliche Abhängigkeit des Herrn vom Knecht und die damit gegebene faktische Unabhängigkeit des Knechts vom Herrn ein Topos im prärevolutionären europäischen Denken. Als literarisches Vorbild für Hegels Darstellung kommt die Dienerfigur aus dem experimentellen Roman von Denis Diderot (1713–1784) *Jacques der Fatalist und sein Herr* (teilveröffentlicht 1785, vollständig publiziert 1796) in Frage.

Noch in einer anderen Hinsicht unterliegt die Konstellation von Herr und Knecht in der *Phänomenologie* einer Verkehrung der Verhältnisse. Die dem Herrn vom Knecht gezollte Anerkennung ist wesentlich einseitig. Ihr entspricht keine entsprechende Achtung des Knechts durch den Herrn. Damit erweist sich die Anerkennung des Herrn durch den Knecht als zutiefst defekt. Eine Anerkennung, die von einer Person geleistet wird, die selbst keine Anerkennung genießt, ist keine vollwertige Anerkennung. Wirkliche Anerkennung kann nur durch eine ihrerseits anerkannte Person erfolgen. Sie beruht auf Gegenseitigkeit, die aber im Verhältnis von Herr und Knecht prinzipiell nicht vorliegt.

Die durchweg dramatische, wenn auch recht vage Ausgestaltung der Dynamik von Herrschaft und Knechtschaft («Dialektik») in der *Phänomenologie* hat die Interpretation seit jeher zu eigenen Ergänzungen und Ausschmückungen angeregt. Die eine Lesart, die im wesentlichen auf Karl Marx zurückgeht, liest den Text als sozialrevolutionäre Erzählung über die bevorstehende Umkehrung der Klassenverhältnisse und die Emanzipation der bislang Unterdrückten. Eine andere Lektüre, die auf Alexandre Kojève (1902–1968) zurückgeht, versteht den Text als Parabel über die für die Weltgeschichte insgesamt und durchweg charakteristischen Machtkämpfe, die nur mit dem Ende der Geschichte zu einem Ende kommen.

Daneben gibt es aber auch Deutungen, die die Formation von Herrschaft und Knechtschaft bei Hegel viel eingeschränkter und spezifischer verstehen: sei es als vorübergehende Entwicklungsphase der Menschheit oder als bloßes Durchgangsstadium des einzelnen Menschen bei der Ausbildung von voll funktionsfähigem Bewusstsein und Selbstbewusstsein.

Der recht knappe Umfang und die relativ marginale Stellung des Herr-Knecht-Kapitels ganz zu Beginn der *Phänomenologie*, noch vor dem expliziten Auftritt des Geistes, scheinen weniger die universalen geschichtsphilosophischen Interpretationen nahezulegen als eher eine partikulare historische oder psychologische Deutung.

Geist und Sittlichkeit

Im Anschluss an die Gestalten des Bewusstseins und Selbstbewusstseins behandelt Hegel in der *Phänomenologie* zunächst noch ausführlich den in der Gestalt der Vernunft erscheinenden Geist. Erst danach wird der Geist selbst und als solcher Gegenstand der Darstellung. Charakteristisch für die gestufte Ausgestaltung der Vernunft ist zunächst der Gegenstandsbezug der theoretischen («beobachtenden») Vernunft auf ein Allgemeines (Gesetze, Regeln) und sodann die von der praktischen («gesetzgebenden» und «gesetzprüfenden») Vernunft bestimmte Interaktion selbstbewusster Wesen («Anderer»). In beiden Hinsichten treten in der Betrachterperspektive («für uns») Unzulänglichkeiten und Inkonsistenzen zutage, die hauptsächlich das ins Gegenteil verwandelte Verhältnis von Einzeln-Individuellem und Vernünftig-Allgemeinem betreffen («Verkehrung»). Als Grunddefekt erweist sich bei den Formen der Vernunft, wie schon vorher bei den Gestalten des Bewusstseins und Selbstbewusstseins, die vorausgesetzte Trennung von Wissen und Wirklichkeit, die immer nur einseitig – durch Reduktion der einen Seite auf die jeweilig andere – überwunden wird und dadurch immer wieder das Wissen wie seinen Gegenstand verfälscht.

Den erfolgreichen Schritt über das bloß gegensätzliche Verhältnis von Wissen und Wirklichkeit hinaus tut in der *Phänomenologie* erst das zentral platzierte Kapitel über den Geist selbst. An die Stelle der Opposition von Bewusstsein – einschließlich Selbstbewusstsein und Vernunft – und Wirklichkeit tritt nun die gelebte Einsicht in die ultimative Identität von Selbst und Sache. Dem (Selbst-)Bewusstsein steht nicht mehr ein gegenständliches Anderes gegenüber, sondern es versteht sich als integralen Bestandteil eines Gesamtzusammenhangs («Welt»), durch den es mit seinesgleichen in Verbindung steht.

Geist in seiner expliziten, manifesten Form ist für Hegel in der *Phänomenologie* der gesellschaftlich und insbesondere gemeinschaftlich verfasste Geist. Die dieser Gestalt von Geistigkeit zugehörige Bewusstseinsform ist deshalb statt des früheren, individuellen Bewusstseins ein höheres, gemeinschaftliches und insofern allgemeines Bewusstsein («Bewusstsein überhaupt»).

Doch bildet das Kapitel zum Geist nicht schon den Abschluss der *Phänomenologie.* Auf die Darstellung des Geistes als solchem folgt zunächst noch die Darstellung der Religion und schließlich die der Philosophie («absolutes Wissen»). Auch umfasst das dem Geist gewidmete Kapitel der *Phänomenologie* nicht einfach die fertige und ungetrübte Gestalt des Geistes. Vielmehr durchläuft auch der Geist noch einmal eine ganze Reihe von Gestalten, die Hegel als «wahren Geist», «sich entfremdeten Geist» und «seiner selbst gewissen Geist» unterscheidet und jeweils mit drei distinkten sozial-ethischen Phänomenen in Verbindung bringt: der antiken «Sittlichkeit», der nachantiken «Bildung» und der modernen «Moralität».

Der in der *Phänomenologie* dreistufig dargestellte Geist entspricht dem, was Hegel später – in der *Enzyklopädie* und den *Grundlinien* – «objektiven Geist» nennen wird. Den Geist in seiner objektiven, gesellschaftlich vergegenständlichten Gestalt unterscheidet der spätere Hegel dabei vom Geist des Individuums («subjektiver Geist») und vom kumulativen Geist in Gestalt von Kunst, Religion und Philosophie («absoluter Geist»). Charakteristisch für die Behandlung des Geistes in der *Phänomenologie* – und dann auch des «objektiven» Geistes in den späteren Schriften – ist die Geschichtlichkeit des Geistes. An die Stelle der vergleichsweise abstrakt-allgemeinen Geistesgestalten von Bewusstsein, Selbstbewusstsein und Vernunft tritt nun der Geist als kollektives Prinzip («Volksgeist»), dessen Entwicklung sich in historisch identifizierbaren Etappen vollzieht. Retrospektiv erweisen sich die zuvor separat dargestellten Gestalten des Bewusstseins als künstliche Teilansichten («Abstraktionen») des eigentlichen, objektiven Geistes, dessen gestufte Entwicklung ihrerseits aus selbständigen Gestalten besteht («reale Geister»).

Den Beginn von Hegels stilisiertem Parcours durch die drei

Stufen des (objektiven) Geistes macht der «wahre» Geist in Gestalt der «Sittlichkeit». Mit dem Terminus, den Hegel schon in früheren Schriften und Aufzeichnungen verwendet hat, ist das Bestehen eines sozial-ethischen Ordnungszusammenhangs («sittliche Welt») gemeint, der sich von anderen, entwicklungsmäßig späteren Gesetzlichkeiten – speziell der «Legalität» und der «Moralität» – spezifisch unterscheidet. Anders als die bloß äußerliche Regulation des Verhaltens durch das Recht (Legalität) und anders auch als die rein innerliche Regulation der Gesinnung durch das Pflichtbewusstsein (Moralität) sind in der Sittlichkeit äußere und innere Motivation ursprünglich vereinigt. Das sittliche Individuum steht nicht dem Gesetz oder Gebot gegenüber, sondern geht ganz im sittlichen Leben auf.

Hegel illustriert die ursprüngliche Einheit von sittlicher Substanz und sittlichem Subjekt an der vormodernen, speziell antiken Lebensform mit ihrer verbindlichen Orientierung aller Lebensbereiche an Tradition und Herkommen («Sitte»). Doch ist auch die ganzheitliche Gestalt der antiken Sittlichkeit in der *Phänomenologie* durch Unterscheidung und Gegensatz geprägt. Insbesondere kontrastiert Hegel zwei Arten von sittlichem Gesetz und die korrespondierenden zwei Formen gesetzlich geregelten sittlichen Lebens. Es sind dies die Existenz als natürliches Individuum innerhalb der Familie und unter einem «göttlichen Gesetz», das insbesondere die «elementaren» Ereignisse von Geburt und Tod betrifft, und die Existenz als bürgerliches Individuum innerhalb einer politischen Ordnung («Gemeinwesen») und unter einem «menschlichen Gesetz» für die sittliche Gestaltung des bürgerlichen Zusammenleben («Arbeit fürs Allgemeine»).

Doch belässt es die *Phänomenologie* nicht bei dem harmonischen Ursprungszustand des sittlichen Lebens unter zwei getrennten, aber einander ergänzenden Gesetzesordnungen. Zur Illustration des Konfliktpotentials und der Zersetzungserscheinungen im Herzen der antiken Sittlichkeit («Entzweiung») greift Hegel auf den Thebanischen Mythenkreis um König Ödipus, seine verfeindeten Söhne Eteokles und Polyneikes sowie seine konträre Tochter Antigone in der Überlieferung durch die griechischen Tragiker (Aischylos' *Sieben gegen Theben*, Sophokles' *König Ödipus* und *Antigone*) zurück.

Nach Hegels Deutung des tragischen Geschehens speziell in der *Antigone* des Sophokles ist die Protagonistin keine Rebellin, sondern die Verfechterin einer altehrwürdigen sittlichen Ordnung («Pietät»). Doch über der rituellen Bestattung des zum Staatsfeind erklärten Bruders, die dem vorpolitischen Gesetz der Familienbande folgt («ungeschriebenes Gesetz»), gerät Antigone in Konflikt mit den geschrieben Gesetzen der staatlichen Gemeinschaft. An dem Zusammenprall der beiden sittlichen Ordnungen geht aber nicht nur Antigone zugrunde, die zum Tode verurteilt wird und sich erhängt, sondern ebenso der durch Willkürherrschaft um seine Sittlichkeit gebrachte Staat («Untergang der sittlichen Substanz»). An die Stelle der tragisch untergegangenen antiken Sittlichkeit tritt für Hegel das abstrakte und formale Recht, das den Einzelnen von aller substantiellen Ordnung entbindet («Atom», «sprödes Selbst») und das sittliche Individuum zur juristischen «Person» werden lässt.

Im weiteren Verlauf behandelt das Kapitel über den Geist in der *Phänomenologie* nun aber nicht die zunehmende Verrechtlichung zwischenmenschlicher Verhältnisse («Welt des Rechts»), sondern das geschichtlich-kulturelle Phänomen der Selbstentfremdung des Geistes. Die Entfremdung des Geistes von sich besteht in dessen Aufspaltung in zwei einander fremde Welten, die aber heimlich zusammengehören («gedoppelte Welt»). Das gilt für den zunächst behandelten religiös geprägten Gegensatz zwischen «Diesseits» und «Jenseits», dann aber auch für die anschließend dargestellte Opposition von «Aufklärung» und «Glauben», die sich beide als komplementäre Gegensätze erweisen. Zur inneren Entgegensetzung des Geistes zu sich selbst («Zerrissenheit») gehört in der *Phänomenologie* schließlich auch die Mündung der Aufklärung in die Schreckensherrschaft während der Französischen Revolution mit ihrer Pervertierung vernünftiger, «allgemeiner» Freiheit in eine willkürliche, «absolute» Freiheit, die sich als Vernichtungswerk des pervertierten allgemeinen Willens (Rousseaus *volonté générale*) erweist («Furie des Verschwindens»).

Der abschließende, dritte Abschnitt zum Geist in der *Phänomenologie* betrifft den aus der Selbstentfremdung zu sich zurückgekommenen Geist in Gestalt der «Moralität». Hier hat sich das Selbstbewusstsein ganz in sich und seine eigene Welt zurückgezogen. Nach dem «wahren» Selbst der Sittlichkeit und dem «sich entfremdeten» Selbst der Selbstobjektivierung («Bildung») bildet sich damit ein «drittes Selbst» heraus, bei dem Gewissheit und Wahrheit, Wissen und Wirklichkeit im unmittelbaren moralischen Selbstbewusstsein («Gewissen») zusammenfallen. Historisch rekonstruiert Hegel hier die Moralphilosophie seiner Vorgänger Kant und Fichte. Zugleich führt er den zu sich und in sich zurückgekehrten Geist an seine abschließende, «absolute» Gestalt als philosophisches Wissen heran.

Zwischen dem moralischen Wissen und dem absoluten Wissen rangiert in der *Phänomenologie* noch in einem eigenen Kapitel die Religion, die Hegel später, zusammen mit Kunst und Philosophie, dem absoluten Geist zurechnen wird. Die religiösen Erscheinungsformen des Geistes betreffen die zunehmende Zusammenführung von religiöser Gewissheit und religiöser Wirklichkeit, bildlich gesprochen: von Menschlichem und Göttlichem. In Orientierung an den vorangegangenen Gestalten des Geistes (Bewusstsein, Selbstbewusstsein, Vernunft, Geist) ergibt sich dabei eine Folge von drei historischen Gestalten der Religion, die vom vorderasiatischen Religionstypus («natürliche Religion») über den Religionstypus der klassischen Antike («künstliche Religion»; «Kunstreligion») bis zum mittelalterlich-neuzeitlichen Religionstypus («offenbare Religion») reichen.

In seinen Berliner Vorlesungen zur Philosophie der Religion wird Hegel die Systematik der Religionsformen geographisch wie geschichtlich erweitern (Asien, Afrika). Schon in der *Phänomenologie* nimmt Hegel aber eine erkenntnistheoretische Bestimmung der Religion als solcher vor. Im Hinblick auf die mehr oder weniger starke Präsenz von unmittelbaren, sinnlich-anschaulichen Elementen in den verschiedenen Formen des religiösen Bewusstsein kennzeichnet er die Erkenntnismodalität der Religion ganz allgemein als «Vorstellung» im Unterschied zu der begrifflichen Erkenntnis der Philosophie («absolutes

Wissen»). Doch fungiert in der *Phänomenologie* auch schon die Religion unter der Rubrik «absolut», wenn Hegel die Kunst-Religion der Griechen (Tempelarchitektur, Ganzkörperplastik) als «absolute Kunst» und die geoffenbarte Religion (Menschwerdung Gottes) als «absolute Religion» ausgibt.

Die Abhandlung des «absoluten Wissens» ganz zu Ende der *Phänomenologie* fügt dann den früheren Gestalten des Geistes vom Bewusstsein über das Selbstbewusstsein und die Vernunft zum (objektiven) Geist und zur Religion keine weitere eigene Gestalt hinzu. Das absolute Wissen besteht vielmehr in der abschließenden Erkenntnis, dass es der Geist «an sich» immer schon und nun auch «für sich» stets nur mit sich selbst zu tun hat und auch im vermeintlich Anderen bloß sich selbst begegnet. Die adäquate Erfassung der Wesensnatur des Geistes begründet Hegel im Rückgriff auf die historischen Fortschritte in der neuzeitlichen Naturwissenschaft und modernen Philosophie. Mit der kumulativen Einsicht in die Strukturbeschaffenheit und Funktionsweise des Wissens – in den Einzelwissenschaften wie in der Universalwissenschaft der Philosophie – ist für Hegel auch der Standpunkt erreicht, von dem aus das philosophische System des Wissens entfaltet werden kann.

4. Die *Wissenschaft der Logik* und die *Enzyklopädie der philosophischen Wissenschaften*: Denken und Wirklichkeit

Nach der zur monumentalen Einleitung umfunktionierten *Phänomenologie* liefert Hegel mit der Veröffentlichung der *Wissenschaft der Logik* (1812–16) den eigentlichen ersten Teil des angekündigten Systems der Philosophie. Es ist zugleich der einzige von Hegel publizierte Part seines Systems. Die *Enzyklopädie der philosophischen Wissenschaften* (1817, 1827, 1830) bietet das geplante System nur nach seiner Grunddisposition und seinen Grundbegriffen («im Grundrisse»). Die an die *Logik* anschließenden zwei Systemteile – die Philosophie der Natur und die Philosophie des Geistes – behandelt Hegel zwar in seinen Vorlesungen in Heidelberg und Berlin, wenn auch nur partiell, was die Geistesphilosophie betrifft (Philosophie des subjektiven Geistes, Philosophie des objektiven Geistes). Doch veröffentlicht er von der Naturphilosophie überhaupt keine Fassung und von der Geistesphilosophie nur die Philosophie des objektiven Geistes, in Gestalt der *Grundlinien der Philosophie des Rechts* (1820).

Erst die bald nach seinem Tod herausgegebenen Berliner Vorlesungen Hegels zur Philosophie der Weltgeschichte, der Kunst und der Religion sowie zur Philosophiegeschichte und die erst in jüngerer Zeit publizierten zugehörigen Vorlesungsnachschriften seiner Zuhörer haben Hegels Bearbeitung der verschiedenen Teile seines Systems verfügbar gemacht. Doch tragen die Vorlesungen Hegels, zu denen eigentlich auch die aus Vorlesungen hervorgegangenen Druckschriften *Enzyklopädie* und *Grundlinien* gehören, durchweg einen weniger ausführlichen Charakter als die umfangreiche gedruckte *Logik*, die ihrerseits auf Unterrichts- und Lehrmaterial Hegels aus Jena und Nürnberg zurückgeht.

Logik und Metaphysik

Hegels Nürnberger Logik – seine «Große Logik», wie das Werk von 1812–16 im Unterschied zur «Kleinen Logik» aus der *Enzyklopädie* genannt wird – ist zweibändig angelegt und besteht aus der «Objektiven Logik» (1812–13) und der «Subjektiven Logik» (1816). Die Objektive Logik ist ihrerseits noch einmal zweigeteilt in die separaten Bücher zur Seinslogik («Lehre vom Sein») und zur Wesenslogik («Lehre vom Wesen»), denen gegenüber die Subjektive Logik als «Lehre vom Begriff» ausgewiesen ist. Die thematische Trias von Sein, Wesen und Begriff zeigt schon den eigentümlich gemischten Charakter von Hegels *Logik* an. Bei Sein und Wesen handelt es sich um klassische Themen der Metaphysik, genauer: der allgemeinen Metaphysik oder Ontologie, im Unterschied zur speziellen Metaphysik über die Themenbereiche Gott, Seele und Welt. Dagegen gehört der Begriff, zusammen mit dem Urteil und dem Schluss, zum Kernbestand der klassischen Logik.

Mit ihrer Verknüpfung von formal-logischer und allgemeinmetaphysischer Thematik nimmt die Nürnberger *Logik* Hegels Jenaer Doppelprojekt zu «Logik und Metaphysik» auf, das den ersten, eher formalen Teil des entstehenden Systems bilden sollte, dem dann die materialen Disziplinen («Realphilosophie») folgen sollten. Doch handelt es sich bei der endlich veröffentlichten *Logik* nicht mehr um zwei aufeinander folgende, separat abgehandelte Teile des Systems (Logik, Metaphysik), sondern um die fusionierte einheitliche Konzeption einer neuen philosophischen Disziplin, die weder Logik noch Metaphysik im klassischen Sinne ist. Auch ist der Aufbau der neuen, «spekulativen» Logik gegenüber der früheren Konzeption der Logik-und-Metaphysik umgekehrt. Hegels *Logik* setzt ein mit vormals metaphysisch besetzten Generalthemen («Sein», «Wesen»), um dann in einem früher als logisch identifizierten Generalthema («Begriff») zu kulminieren.

Doch gibt es für Hegels Neukonzeption der (formalen) Logik wie der (allgemeinen) Metaphysik zwei wichtige Vorbilder aus Antike und Moderne: Aristoteles und Kant. Der als «Vater der

Logik» geführte Aristoteles hatte in einer Schrift, die seinem logischen Korpus («Organon») zugerechnet wird, allgemeine begriffliche Bestimmungsformen eingeführt («Kategorien»), die zugleich Bestimmungen des Denkens und Bestimmungen des Seins darstellten. Ein und dieselbe begriffliche Grundform – in erster Linie «Substanz» (*ousia*) – fungiert für Aristoteles als logischer Terminus in Aussagen und als metaphysischer (ontologischer) Titel im Hinblick auf Dinge. Hegel nimmt den logisch-ontologischen Doppelcharakter der ursprünglich zehn aristotelischen Kategorien auf, wenn er die geordnete Vielzahl der kategorialen Bestimmungen seiner *Logik* als Denkbestimmungen, die auch Seinsbestimmungen, und als Seinsbestimmungen, die auch Denkbestimmungen sind, darstellt.

Der kantische Kontext von Hegels *Logik* geht auf die Einführung einer neuen Logik in Kants *Kritik der reinen Vernunft* zurück. Es ist dies die «transzendentale Logik», deren Abhandlung fast die gesamte *Kritik* ausfüllt. Im Unterschied zur formalallgemeinen, «reinen» Logik, die grundsätzlich von allem Inhalt abstrahiert, geht die transzendentale Logik, nach Art der alten Metaphysik, auf Inhalte und Gegenstände allgemeinster Art («transzendentaler Inhalt», «Gegenstand überhaupt»). Bei Kant ist auch schon die von Hegel vertretene Identität von Denk- und Seinsbestimmungen vorgebildet. Die allgemeinen Formen des Denkens von Gegenständen («Kategorien») sind zugleich die Formen der Gegenstände des Denkens.

Allerdings findet sich bei Kant eine Auffassung der transzendentalen Logik, die Hegels spekulative Logik nicht teilt. Für Kant ist die durch die Kategorien der transzendentalen Logik konstituierte Wirklichkeit beschränkt auf die Gegenstände in Raum und Zeit («Erscheinungen») unter Ausschluss der Dinge, wie sie unabhängig von den Einschränkungen durch Raum und Zeit existieren («Dinge an sich»). Mit der Beschränkung der gegenständlichen Erkenntnis auf Erscheinungen wendet sich Kant kritisch gegen die klassische Metaphysik mit ihren seiner Ansicht nach unberechtigten Ansprüchen auf absolute Erkenntnis der Wirklichkeit. Zwar will Hegel nicht contra Kant in eine unkritische und letztlich unmögliche Metaphysik zurückfallen.

Doch möchte er, darin die Absichten von Fichte und Schelling aufnehmend und fortführend, mit Kant über Kant hinausgehen und eine Logik entwickeln, die den vernünftigen Gesamtzusammenhang der Wirklichkeit erschließt.

Zu den kantischen Ressourcen für Hegels (onto-)logisches Unternehmen gehört auch die in der *Kritik der reinen Vernunft* vorgenommene Unterscheidung des mit der Erfahrung befassten Verstandes samt dessen Grundbegriffen («Kategorien») von der mit dem Unbedingten oder Absoluten beschäftigten Vernunft samt deren Grundbegriffen («Ideen»). Für Kant sind die Ideen essentielle Leitvorstellungen im Umgang mit der Erfahrung, die allerdings nicht selber in der (sinnlichen) Erfahrung vorkommen können, sondern nur durch das (reine) Denken erfasst werden können. Im Ausgang von Kants begründeter Ergänzung des empirisch orientierten Verstandes durch die auf eine rein gedachte Wirklichkeit ausgerichtete Vernunft schreitet Hegels *Logik* von der verständigen Reflexion zur vernünftigen Spekulation.

Noch in einer anderen Hinsicht orientiert sich Hegels Verwandlung der früheren Metaphysik übersinnlicher Superdinge in die Logik der Denkstrukturen von Wirklichkeit an Kants transzendentaler Logik. Für Kant ist der unabdingbare Träger begrifflicher Bestimmungen («Vehikel») das allem Gegenstandsbewusstsein zugrunde liegende Selbstbewusstsein («Apperzeption»). Die Ich-Form des Denkens – «Das: Ich denke, muß alle meine Vorstellungen begleiten können» – ist dabei schon bei Kant kein psychologisches Faktum, sondern die logische Fundamentalverfassung des Denkens. Hegel verschärft die bei Kant vorgebildete Objektivität des logischen Denkens zu einem von aller subjektiven Zutat befreiten Denken in objektiven Formen («objektives Denken»). Statt wie bei Kant auf das Ich als ihr Vehikel zu rekurrieren, sind die Begriffe bei Hegel autonome Denkformen mit ihrer eigenen, inneren Entwicklungsdynamik («Selbstbewegung des Begriffs»).

Negation und Spekulation

Kants *Kritik der reinen Vernunft* bildet aber nicht nur die Vorlage für Hegels Projekt einer nachklassischen Logik, in der Denkbestimmungen und Seinsbestimmungen zusammenfallen. Kants transzendentale Logik liefert auch den Ausgangspunkt für das zentrale methodische Verfahren der *Logik* bei der Aufstellung und Auflösung von Widersprüchen («Dialektik»). Schon die transzendentale Logik Kants enthält als einen ihrer Kernbestandteile eine transzendentale Dialektik, die ihrerseits in der Logik-Tradition der Inventarisierung von Arten und Formen von formalen Fehlschlüssen stand. Für Kant sind die in der transzendentalen Logik behandelten «dialektischen Schlüsse» keine zufälligen Anwendungsfehler des vernünftelnden Denkens, sondern in der Natur der Vernunft selbst begründet («natürliche Dialektik»).

Doch betrachtet Kant die dialektischen Schlüsse der reinen Vernunft trotz ihres natürlichen Vorkommens als Fehlschlüsse, die nur scheinbar mit den logischen Mitteln des schließenden Denkens auf die klassischen Gegenstände der Metaphysik (Gott, Seele, Welt) führen. Unter Voraussetzung der in der *Kritik der reinen Vernunft* begründeten Unterscheidung zwischen Erscheinungen und Dingen an sich lösen sich für Kant die metaphysischen Fehlschlüsse der Vernunft allesamt auf. Das gilt auch für den zentralen Typus dialektischer Fehlschlüsse bei Kant, die «Antinomie» oder «Antithetik der reinen Vernunft», die logisch entgegengesetzte Behauptungen («Thesis», «Antithesis») mit gleich gültigen Beweisen versieht. Am bekanntesten und folgenreichsten ist die dritte der vier von Kant unterschiedenen Antinomien, die zwischen durchgängiger kausaler Naturgesetzlichkeit (Determinismus) und spontaner Kausalität «aus Freiheit» besteht. Aber auch in diesem Fall löst sich der Widerspruch für Kant auf, sobald nämlich die Determinismus-These der Erscheinungswirklichkeit und die Antithese zur Wirklichkeit der Freiheit der Welt der Dinge an sich zugeordnet wird.

Hegel nimmt Kants Lehre von der gegensätzlichen Verfasstheit der Vernunft auf. Doch wendet er, was bei Kant immer noch als Defekt gilt, ins Positive. Der Vernunft und den aus ihr resultierenden Denk- und Seinsbestimmungen ist es bei Hegel wesentlich, immer wieder auf Gegensätze zu führen und sich durch diese Gegensätze hindurch allererst zu entfalten. Der logische Charakter der Gegensätze manifestiert sich dabei als Widerspruch zwischen entgegengesetzten Behauptungen oder Aussagen. Ihr realer Charakter manifestiert sich als Verdrängung von Etwas durch sein Gegenteil. Die Methode von Hegels *Logik* ist so zutiefst geprägt von Negativität: von Negation im logischen Sinn wie von Nichtigkeit im realen Sinn.

Doch belässt es Hegels *Logik* nicht bei der negativen, destruktiven Seite der Dialektik. So wie die Negation schon im Entwicklungsgang der *Phänomenologie* immer auch positive, anderes setzende Negation («bestimmte Negation») war, ist auch die logisch-reale Dialektik der *Logik* ebenso Aufhebung wie Setzung. Dabei folgt die Position nicht einfach als ein weiterer Schritt der Negation nach. Vielmehr liegt für Hegel die Setzung schon in der Verneinung selbst, die nie nur abstrakte Negation ist, sondern das Positive bereits enthält («Positives im Negativen»). Dank des positiven Sinns von Negativität besteht die Lösung der vielförmigen Verhältnisse von Entgegensetzung in Hegels *Logik* nicht in einer Auflösung, die den Widerspruch zum Verschwinden bringt, sondern in einer Aufhebung, die den Gegensatz in eine höhere Einheit integriert.

Die *Logik* enthält somit zwei Formen von Dialektik, die einander ergänzen und überdies aufsteigend arrangiert sind. In einem ersten, elementaren Sinn besteht die dialektische Methode im logisch-realen Übergehen von Etwas in sein gerades Gegenteil. In einem weiteren, komplexen Sinn umfasst das dialektische Verfahren die Integration der solcherart Entgegengesetzten in ein umfassendes, höheres Ganzes. Überdies ist das dialektische Prozedere der *Logik* iterativ: Das Doppelspiel von Opposition und Integration wiederholt sich jedes Mal, wenn eine umfassende, übergegensätzliche Einheit erreicht ist. Terminologisch unterscheidet Hegel das erste dialektische Moment der Entgegensetzung und das zweite dialektische Moment der

Zusammensetzung mittels der Differenz von «Negation» und «Spekulation».

Die Voraussetzung für Hegels Doppeldialektik von negativer Opposition und spekulativer Integration ist eine Auffassung der Wirklichkeit als ebenso einheitlich wie vielfältig verfasst: einheitlich in ihrer Vielfalt und vielfältig in ihrer Einheit. Die nach Umfang und Inhalt umfassend konzipierte Wirklichkeit bildet für Hegel eine Totalität in der Tradition der metaphysischen Alleinheit («Absolutes»). Hegels schon in Jena entwickelte Formel für das Absolute in seiner Doppelnatur als Allheit wie als Einheit lautet «Identität von Identität und Differenz». Die Selbigkeit, die dem des Absolut-Unendlichen zukommt, ist der Verschiedenheit des endlichen Nicht-Absoluten nicht einfach nur entgegengesetzt. Vielmehr beinhaltet das Absolute, so wie es Hegel denkt, auch noch den Gegensatz von Endlichem und Unendlichem.

Für die *Logik* bedeutet die integrale und übergegensätzliche Verfassung der Wirklichkeit, dass auch die fundamentalen Denk- und Seinsbestimmungen in ihrem dialektischen Zusammenhang auf ein vielgegliedertes Ganzes führen. Die gegensätzlichen Verhältnisse zwischen den logisch-realen Bestimmungen sind sowohl Gliederungsprinzipien für deren getrennte Darstellung als auch Übergangsformen zum Zweck ihrer Integration in ein Ganzes von Denk- und Seinsbestimmungen. Der dialektische Aufbau der *Logik* besteht so in der sukzessiven und kumulativen Erfassung der logisch-realen Formen in deren vollständiger Zahl und objektiver Ordnung. Die *Logik* ist darum auch nicht aus Teilen stückweise zusammengesetzt. Vielmehr ist sie ein Ganzes an Denk- und Seinsbestimmungen, dessen Darstellung allerdings in einzelnen, nacheinander angeordneten Schritten zu erfolgen hat.

Auch die Anlage der *Logik* als artikuliertes Ganzes der grundlegenden Denk- und Seinsbestimmungen hat ihre Ursprünge bei Kant, der das Wissen generell und speziell die transzendentale Logik als «System» darstellt. In Hegels auf Kant zurückgehendem logischen Systembegriff verbindet sich die architektonische Vorstellung eines nach genauem Plan ausgeführten Gebäudes mit der organologischen Vorstellung eines funktional gegliederten lebendigen Körpers. Die von der *Logik* anvisierten, über bloße Denkbestimmungen hinausgehenden Seinsbestimmungen übertragen den systematischen Charakter der Denkformen auf die Strukturen der Wirklichkeit, die dadurch den Charakter eines logisch geordneten Ganzen von Bestimmungen erhält. Neben Kant dient Hegel dabei ein früherer Philosoph, der um 1800 eine unerwartete Wiederbelebung erfährt, zur Anregung und Orientierung: Baruch de Spinoza (1632–1677), der eine logisch strukturierte ganzheitliche Auffassung der Wirklichkeit entwickelt (*Ethik*, 1677).

Über hundert Jahre lang als Leugner eines persönlichen Gottes (Pantheismus, Atheismus) und Leugner menschlicher Freiheit (Fatalismus, Determinismus) verschrien, wird Spinoza durch eine Veröffentlichung von Friedrich Heinrich Jacobi (*Über die Lehre des Spinoza*, 1785) wiederentdeckt. Die nachkantische Philosophie – vor allem in Gestalt von Fichte, Schelling und Hegel – sieht in Spinozas rationaler Metaphysik ein mögliches Modell für das mit den Mitteln der Vernunft erstellte logisch-reale System der Philosophie. Doch dafür muss, wie es insbesondere bei Hegel geschieht, Spinozas Philosophie der einen, alles umfassenden Substanz («Gott») zusammengeführt werden mit Kants Philosophie des einheitlichen, alles denkenden Subjekts («Selbst»). Hegels Ausweisung der Denk- und Seinsbestimmungen als selbstbewegter Formen der Wirklichkeit ist das Resultat dieser Fusion von Spinoza und Kant.

Sein und Wesen

Bedingt durch die dialektische Methode ihrer Darstellung ist die *Logik* durchweg triadisch gegliedert und dies auch durch alle untergeordneten Gliederungsebenen hindurch. Philosophisch signifikant sind insbesondere die jeweiligen Übergänge von einem ersten Begriff zu dessen Gegenteil und von da zu der Aufhebung des so aufgestellten Gegensatzes in einem dritten Begriff, der zwischen den früheren beiden Begriffen vermittelt. Beide Übergänge versteht Hegel nicht als Zutaten des logischen

Denkers, sondern als Selbstbewegung der Sache des Denkens. Allerdings ist die Sache selbst in der *Logik* nicht immer klar zu trennen von ihrer Darstellung in Form eines Denkens über das Denken.

In ihrer umfassenden Organisation schreitet die Logik von eher metaphysischen Themen und deren logischer Bearbeitung (Seinslogik, Wesenslogik) zu eher logischen Themen und deren metaphysischer Bearbeitung (Begriffslogik). Die Abfolge bringt überdies zunehmende Komplexität in die behandelten logisch-realen Grundbegriffe: von den einfachen Bestimmungen der Seinslogik (Sein, Dasein) über die paarigen Bestimmungen der Wesenslogik (Form und Materie, Bedingtes und Unbedingtes) bis zu den mehrgliederigen Bestimmungen der Begriffslogik (Zweckmäßigkeit, Lebendigkeit).

Thematisch orientiert sich Hegels *Logik* zum einen an der zeitgenössischen Tradition von akademischen Logik- und Metaphysiklehrbüchern und zum anderen an den von Kant vorgenommenen Veränderungen dieser Tradition. Besondere Bedeutung kommt dabei den von Kant in der transzendentalen Logik der *Kritik der reinen Vernunft* aufgestellten Verzeichnissen («Tafeln») logischer Grundformen zu. Es sind dies in erster Linie die Tafel der Urteilsformen («Urteilstafel») und die darauf aufbauenden Tafeln der Verstandesformen («Kategorientafel») und der Verstandesprinzipien. Weitere von Kant an Hegel vermittelte logische Inventare sind die logischen Vergleichungsbegriffe wie Form und Materie («Reflexionsbegriffe») und die Vernunftbegriffe wie absolutes Subjekt («Ideen»).

Schon bei Kant sind die verschiedenen logischen Grundformen nicht bloß aufgelistet, sondern durch eine sachgerechte Einteilung und Anordnung miteinander verbunden («System»). Die verschiedenen Tafeln sind nach vier Grundgesichtspunkten («Titel») aufgeteilt: Quantität (wieviel), Qualität (welcher Art), Relation (zu wem oder zu was) und Modalität (auf welche Weise). Schon Kant verändert gelegentlich die Abfolge der Titel. Hegel nimmt in der Seinslogik die ersten beiden Titel in umgekehrter Reihenfolge auf (Qualität, Quantität). Die Wesenslogik führt dann die kantischen Titel der Relation und Modalität fort, während die Begriffslogik die traditionelle Logiklehre von Begriff, Urteil und Schluss, allerdings in stark veränderter Form, aufnimmt.

Berühmt ist der Beginn der Seinslogik und damit der *Logik* insgesamt im Zeichen der methodologischen Frage, wie denn der Anfang in einer Logik zu machen sei: ob mit etwas ganz Einfachem («unvermittelt»), dessen Auswahl zufällig und beliebig erscheinen könnte, oder mit etwas schon Komplexem («vermittelt»), das sich als zu voraussetzungsreich erweisen könnte. Hegels Darstellung beginnt dann mit der ärmsten und leersten aller Bestimmungen, dem bloßen, «reinen Sein», mit dem nicht mehr als das Sein selbst ausgesagt wird. Das minimal gefasste Sein erweist sich aber in seiner völligen Inhaltsleere als ununterscheidbar von seinem geraden Gegenteil, dem «Nichts», in das es so übergeht. Ihren Abschluss findet die erste Trias der Logik in der neu dazutretenden Denk- und Seinsbestimmung des «Werdens» als eigener Form des Übergehens vom Nichts zum Sein.

Der Fortgang der *Logik* führt dann die weitere Bestimmung des gewordenen Seins zum «Dasein» ein und gelangt zur Abgrenzung von «Etwas» und «Anderem». Mit der Denk- wie Seinsbestimmung der «Grenze» kommt das Verhältnis von «Endlichem» und «Unendlichem» ins Spiel. Wegweisend ist hier Hegels Unterscheidung zwischen einer noch in dem Gegensatz zum Endlichen befangenen Form von Unendlichkeit («schlechte Unendlichkeit») und der wahren, übergegensätzlichen Form von Unendlichkeit («affirmative Unendlichkeit»).

Die bisherigen Bestimmungen der Seinslogik, zu denen auch das separate Sein («Fürsichsein») samt dessen Verhältnis zu anderem solchen Sein («Repulsion und Attraktion») gehört, ordnet Hegel – in Anlehnung an die kantische Klassifizierung («Urteilstafel», «Kategorientafel») – dem Titel der Qualität («Bestimmtheit») zu. Mit dem Verhältnis von «Einem» und «Anderen» ist dann die Grundbestimmung der Mehrheit («Pluralität») eingeführt, die zum zweiten kategorialen Titel, der Quantität («Größe»), überleitet. Auch hier folgt Hegel Kants Disposition des logischen Materials.

Die Seinslogik der Quantität unterscheidet dann die Grundbestimmungen von Einzahl («Zahl»), Vielzahl («Anzahl») und Gesamtzahl («Einheit»). In enger Anlehnung an Kant kommt es dabei zur Unterscheidung von ausgedehnten («extensiven») und unausgedehnten («intensiven») Größen. Wie schon bei Kant besteht bei den intensiven Größen – etwa dem Grad an Wärme – eine Verschränkung von Qualität und Quantität zur Quantität der Qualität, wodurch als dritte logische Grundbestimmung des Seins – nach Qualität und Quantität – das Maß eingeführt wird. Schließlich leitet die Einheit von Qualität und Quantität in Gestalt des Maßes über in die relational angelegte Logik des wesentlich gewordenen Seins («Werden des Wesens»).

Die Stellung der Wesenslogik zwischen der Seinslogik, mit der zusammen sie die Objektive Logik bildet, und der Begriffslogik, die die Subjektive Logik bildet, macht diesen Teil der *Logik* zum Zentrum des Werkes, aber auch zu dem Teil, in dem der Übergang stattfindet von den formalen Bestimmungen von Gegenständlichkeit («Objektivität») in der Seinslogik zu den formalen Bestimmungen von Selbstheit («Subjektivität») in der Begriffslogik. Schon rein sprachlich bindet Hegel den Ausdruck «Wesen» an «Sein», aus dessen Vergangenheitsform er gebildet ist. Formal fällt an der Wesenslogik auf, dass ihre Denk- und Seinsbestimmungen in der Regel paarig angelegt sind und darüber hinaus bidirektional, was die Übergänge und Zusammenhänge angeht.

Das allgemeine Verhältnis des Wesens zum Sein fasst Hegel auch mittels des Ausdrucks «Erinnerung», den er dabei nicht nur zeitlich versteht, als vergegenwärtigenden Bezug auf ein Vergangenes, sondern auch geradezu dramatisch, als Verinnerlichung eines vormals Äußeren. Umgekehrt geht es in der Wesenslogik aber genauso um den Vorgang und die Formen der Entäußerung, die ein Inneres allererst objektivieren und so realisieren. In Bezug auf das dem Wesen vorausliegende Sein kommt es so zu einer «Rückkehr des Seins in sich», die nicht einfach ein Früheres wiederherstellt, sondern dem Sein sein Wesen zuführt («Vermittlung»). Charakteristisch für die Bestimmungen der Wesenslogik sind deren relationale Strukturen. Die Relationen des Wesens sind aber nicht, wie die Relationen des Seins, von Abgrenzung gekennzeichnet. Vielmehr trägt der Bezug auf Anderes jetzt den Charakter von Verbindung («positive Relation»).

In den Ausführungen der Wesenslogik, deren Dreigliederung das Wesen als solches, die Erscheinung und die Wirklichkeit umfasst, finden sich eindringliche Charakterisierungen von Hegelschen Grundbegriffen. Dazu gehört insbesondere der Begriff des Widerspruchs, auf dessen essentiellem Status die Wesenslogik insistiert, indem sie den Widerspruch den Dingen selbst zuschreibt – als deren widersprüchliche Beschaffenheit, die allererst Agilität und Aktivität («Bewegung», «Leben») in die Dinge bringt. Der Widerspruch besteht dabei, Hegel zufolge, nicht nur zwischen den Dingen, die durch ihn voneinander unterschieden werden. Vielmehr liegt der Widerspruch bereits in dem Ding selbst, als innerer Antrieb zu dessen Entwicklung («Selbstwiderspruch») und damit als generelles Formprinzip der Wirklichkeit. Die Dinge im Allgemeinen versteht die Wesenslogik auch nicht als versteckte Realität hinter den Erscheinungen («Dinge an sich»), sondern als ein Inneres, das nur in seinen äußeren Manifestationen («Erscheinungen») zur Wirklichkeit gelangt.

Die für den Schlussteil der Wesenslogik zentrale Einsicht, dass Wirklichkeit auf Verwirklichung beruht und eigentlich in Verwirklichung besteht, liefert auch den Übergang zur Begriffslogik, deren Thema – jenseits der logischen Grundbegrifflichkeit (Begriff, Urteil, Schluss) – das Absolute in seiner begrifflichen Verwirklichung («Darstellung») ist. Der Begriff von Begriff («absolute Idee»), den die *Logik* an ihrem Ende entwickelt, ist in logischer Hinsicht die «Einheit von Allgemeinem und Einzelnem», in effektiver Hinsicht die «Freiheit» von aller Fremdbestimmung und in funktionaler Hinsicht das «Ich» oder das «reine Selbstbewusstsein». Doch ist die damit gegebene Subjektivität der Logik («subjektive Logik») nicht auf konkrete menschliche Subjekte bezogen, sondern auf selbstbezügliche Strukturen aller Art, die Hegel schon in der *Logik* formal darstellt («Mechanismus,», «Chemismus», «Teleologie»), um sich ihnen auch inhaltlich in seiner anschließenden Realphilosophie von Natur und Geist zu widmen.

Geist und Natur

Die *Logik* ist der einzige zur Buchpublikation ausgearbeitete Teil von Hegels dreiteilig geplantem philosophischen System geblieben. Mit der *Enzyklopädie der philosophischen Wissenschaften* (1817, 1827, 1830) liegt nur ein, wenn auch umfangreicher summarischer Abriss des gesamten Systems für Unterrichtszwecke vor, der neben einer reduzierten Fassung der Logik («Kleine Logik») auch die didaktisch orientierte Abhandlung der Naturphilosophie und der Geistesphilosophie enthält. Aus dem umfassend geplanten System – enthaltend die Logik, die Naturphilosophie, die Philosophie des subjektiven Geistes, die Philosophie des objektiven Geistes (Rechtsphilosophie, Philosophie der Weltgeschichte) und die Philosophie des absoluten Geistes (Philosophie der Kunst, Philosophie der Religion, Philosophiegeschichte) – hat Hegel nur einzelne Teile in postum erschienenen Vorlesungen aus seiner Heidelberger und Berliner Zeit entwickelt. Dabei sind die gleich nach Hegels Tod publizierten überarbeiteten Berliner Vorlesungen zu Weltgeschichte, Kunst, Religion und Philosophiegeschichte zu wirkungsmächtigen Teilen des Hegelschen Korpus geworden und während zweier Jahrhunderte als integraler Bestandteil seiner Werke gelesen worden.

Das besondere Interesse an der *Enzyklopädie* gilt unter diesen Umständen den Teilen dieses Kompendiums, die nicht anderweitig durch die Buchpublikationen Hegels zu Logik und Rechtsphilosophie oder durch die postum veröffentlichten Berliner Vorlesungen zur Philosophie der Weltgeschichte, der Kunst, der Religion und der Philosophiegeschichte abgedeckt sind. Es sind dies die Philosophie der Natur und die Philosophie des subjektiven Geistes. Hinzu kommt als ein bemerkenswertes Novum der *Enzyklopädie* die umfangreiche Einleitung in den beiden Berliner Fassungen des Werkes (1827, 1830), die sachlich und methodisch die frühere systematische Einleitungsfunktion der *Phänomenologie* übernimmt. Im Gegenzug bearbeitet der gesamte dritte Teil der *Enzyklopädie* durchweg Themenstellungen und Theoriebildungen der *Phänomenologie* – von den Kapiteln der *Phänomenologie* über Bewusstsein, Selbstbewusstsein, Vernunft («subjektiver Geist») über das Geist-Kapitel der *Phänomenologie* («objektiver Geist») bis zu den Kapiteln über Religion und absolutes Wissen («absoluter Geist»).

Die neuartige Einleitung in die beiden Fassungen der Berliner *Enzyklopädie* erörtert an herausgehobenen philosophiegeschichtlichen Positionen drei grundsätzliche Arten, das Verhältnis des Denkens zu seinen Gegenständen einzuschätzen («Stellung des Gedankens zur Objektivität»). Der Fokus auf der Alternative zwischen der Subjektivität und der Objektivität des Gedankens entspricht dem Fragehorizont der *Logik*, die das Denken nicht psychologisch-subjektiv auffasst, sondern dessen logisch-reale Dimension herausstellt («objektives Denken»). Zum einen kritisiert Hegel die sachlichen Unzulänglichkeiten der drei historisch rekonstruierten Haupteinstellungen zur Subjektivität und Objektivität des Denkens. Zum anderen entnimmt er jeder der drei Stellungen Hinweise auf die angemessene Art, Denken und Objektivität zusammenzubringen.

So ist die Position der klassischen Metaphysik – von den griechischen Anfängen bis zu Descartes (1596–1650) und seinen Nachfolgern —allzu naiv in ihrer Grundannahme, mit den Mitteln der bloßen Vernunft unmittelbar die Wirklichkeit in ihrer objektiven Verfasstheit erschließen zu können. Doch liegt der rein rational betriebenen Metaphysik auch die gute Einsicht zugrunde, dass das vernünftige Denken auf die Wirklichkeit selbst ausgerichtet und insofern objektiv ist. Demgegenüber ist an Kant zu tadeln, dass er die Objektivität des Denkens auf die Wirklichkeit, wie sie uns erscheint («Erscheinungen»), einschränkt. Doch ist Kant dafür zu loben, dass er den essentiellen Anteil von Subjektivität beim Zustandekommen der Objektivität des Denkens erkennt. Schließlich ist an der Bevorzugung des Glaubens gegenüber der Vernunft bei Kants Zeitgenossen und Rivalen Jacobi zu monieren, dass durch zufällige subjektive Befindlichkeiten die Objektivität des Denkens vereitelt wird. Doch ist Jacobis Kritik an der Leistungsfähigkeit der Vernunft auch positiv einzuschätzen, nämlich als Einsicht in die Unzulänglichkeit des bloß schließenden Denkens und in den damit verbundenen verkürzten Begriff von Vernunft.

Die Positionierung der Naturphilosophie zwischen der Logik und der Geistesphilosophie bedingt die beiden Hauptaufgaben dieses mittleren Teiles der *Enzyklopädie*. Im Verhältnis zur Logik und speziell zu deren abschließender Erörterung des begrifflich begriffenen Absoluten («absolute Idee») liefert die Sphäre der Natur die erneute Darstellung der zuvor gewonnenen Idee, nur diesmal in einem ihr scheinbar ganz fremden Medium («Idee in ihrem Anderssein»). Doch es bleibt nicht bei dem äußerlichen, kontrastierenden Verhältnis zwischen Idee und Natur. Die Philosophie der Natur durchläuft vielmehr eine ganze Skala von Gegenständen und Gesetzen («System von Stufen»), in deren Verlauf sich die begrifflich-logische Verfasstheit der Natur mehr und mehr manifestiert. Am Ende dieses Steigerungsprozesses der Natur steht mit der Stufe des belebt-beseelten Organismus der Übergang in die auf der Natur basierende, die Natur aber auch übersteigende Sphäre des Geistes.

Das Naturverständnis, das dem natürlichen Heran- und Herauswachsen des Geistes zugrunde liegt, ist nicht der mathematisch-physikalische Naturbegriff der (früh-)modernen Naturwissenschaft. Hegels Philosophie der Natur fasst ihren Gegenstand zum einen weiter auf, unter Einschluss von gerade aufkommenden Disziplinen wie der Chemie und der Biologie. Zum anderen ist die Natur für Hegel nicht, wie zuvor für Kant, der Inbegriff von gesetzlich bestimmten Gegenständen in Raum und Zeit. Stattdessen schließt Hegels Naturverständnis an das ursprünglich griechische Verständnis der Natur als Wachstums- und Hervorgehensprozess (*physis*) an, das von Spinoza aktualisiert worden war («hervorbringende Natur»; *natura naturans*).

Für die philosophische Behandlung der Natur in der *Enzyklopädie* ist es charakteristisch, dass Hegel die begrifflich-geistige Prägung natürlicher Gegenstände und Gesetze («Subjektivität») herausstellt. Besonders deutlich wird der intrinsische Bezug auf

Geistigkeit in den späteren Sphären der Natur, die – nach der Mechanik und der unorganischen Physik («Physik») – den Organismus («Organik», «organische Physik») und speziell den tierischen Organismus als Strukturprinzip von Wirklichkeit behandeln. Der biologisch vermittelte Übergang von der Natur zum (menschlichen) Geist führt so einerseits die Natur über sich selbst hinaus. Andererseits bewährt sich aber der Geist gerade durch sein affirmatives Verhältnis zur Natur, die für ihn nicht mehr bloß ein Anderes ist, sondern sein eigenes Anderes («das Andere seiner selbst»). Sehr eindringlich wird der innige Zusammenhang von Natur und Geist bei Hegel greifbar an den Phänomenen von Tod und Untergang, bei denen das Einzelne vergeht, während das Allgemeine (Gattung) sich erhält.

Die positive Durchdringung von Natur und Geist («Versöhnung») wird besonders deutlich im ersten der drei Teile der Philosophie des Geistes in der *Enzyklopädie*. Bei der Abhandlung des individuellen, «subjektiven» Geistes nimmt Hegel eine Dreiteilung vor. Zuerst behandelt er die Seele, einschließlich ihres essentiellen Bezugs zum Körper («Anthropologie»), sodann das Bewusstsein, einschließlich des Selbstbewusstseins und der Vernunft («Phänomenologie» im engeren Sinne des Terminus), und schließlich den Geist im engeren Sinne («Psychologie»), der seinerseits noch in drei Teile zum bloß erkennenden («theoretischen»), zum wollend-fühlenden («praktischen») und zum wirklich handelnden («freien») Geist gegliedert ist. Die Einteilung der Leistungsformen speziell des theoretischen Geistes in die Anschauung, die Vorstellung und das Denken im eigentlichen Sinn wird später, jenseits der Sphäre des subjektiven Geistes, wichtig werden bei der Ermittlung der spezifischen Erkenntnisformen von Kunst, Religion und Wissenschaft (Philosophie) in der Sphäre des absoluten Geistes.

5. Die *Grundlinien der Philosophie des Rechts*: Moderne Sittlichkeit

Nach der recht genialischen *Phänomenologie*, der eher spröden *Logik* und der arg didaktischen *Enzyklopädie* ist Hegels vierte und letzte Hauptpublikation, die *Grundlinien der Philosophie des Rechts* (1820 erschienen, mit der Jahresangabe 1821), ein ausgesprochen provokantes Werk. Der zweiteilige Untertitel der Schrift benennt die beiden traditionellen Disziplinen, die von den *Grundlinien* beerbt werden sollen, und zeigt zugleich den Charakter des Werkes als eines komprimierten Vorlesungskompendiums an: «Naturrecht und Staatswissenschaft im Grundrisse. Zum Gebrauch für seine Vorlesungen». Gegenstand der *Grundlinien* sind damit die für alle Menschen bestehenden Normen ihrer gesellschaftlichen Existenz im privaten wie öffentlichen Rahmen, verbunden mit der Lehre von Wesen, Zweck und Einrichtung der besonderen Gesellschaftsform des Staates. Hegel integriert die beiden vormals getrennten Disziplinen des Naturrechts und der Staatswissenschaft in eine neue, einheitliche Systemgestalt, die er mit dem ebenfalls neuen disziplinären Titel «Philosophie des Rechts» versieht. In Hegels enzyklopädischer Systematik fällt die Philosophie des Rechts überdies komplett zusammen mit der Philosophie des objektiven Geistes.

Der provokante Charakter der *Grundlinien* besteht in deren gemischtem politisch-philosophischen Profil, das konservative wie liberale Züge trägt, monarchische wie republikanische Elemente enthält und Hegel ebenso den Vorwurf einzutragen geeignet ist, ein Apologet des Status quo zu sein, wie das Lob, als ein fortschrittlicher Theoretiker der sich entwickelnden Moderne gelten zu können. Schon seine unmittelbaren Schüler zerstreiten sich über der Deutung von Hegels philosophischem Erbe in die konservative, religiös geprägte Hegelsche Rechte und die progressive, politisch orientierte Hegelsche Linke.

Hinzu kommt ein grundsätzliches Changieren der *Grundlinien* zwischen dem Beschreiben und dem Vorschreiben der Regeln und Strukturen des gesellschaftlichen Zusammenlebens. Hegels rechtlich-philosophisches Hauptwerk scheint so zu schwanken zwischen der aufmerksamen Registrierung von sozialen Tatsachen und der sorgfältigen Erstellung von vernünftigen Standards für das Leben in der Gesellschaft.

Doch ist die Ambivalenz von Hegels Vorhaben in den *Grundlinien* nicht einfach als ein Manko zu werten. Vielmehr ist sie zu sehen als Ausdruck von Hegels ambitiösem Projekt, die zeitgenössische gesellschaftliche Wirklichkeit in ihrer ganzen Breite und Komplexität kritisch zu reflektieren. Anders als Kant stellt Hegel keine abstrakt-vernünftigen Normengebilde («Sollen») auf. Er belässt es aber auch nicht bei der Inventarisierung überkommener formeller und informeller Ordnungen («Sein»). Statt eines unentschiedenen Gemischs von Ist und Soll, von Rechts und Links, von Vorwärts und Rückwärts enthalten die *Grundlinien* ein politisch-philosophisches Porträt des modernen Lebens in Staat und Gesellschaft. Animiert ist diese Porträtierung von einem klassisch philosophischen Geist der Klugheit (griechisch *phronesis*) und Mäßigung (*sophrosyne*), einem Geist, der bei Hegel das Ergebnis von Jahrzehnten des aufmerksamen Studiums der politischen Dinge ist – durch gelehrte Bücher ebenso wie durch politische Zeitungen (darunter nicht zuletzt englisch- und französischsprachige), vor allem aber durch eigene Beobachtung und selbständige Bewertung.

Vernunft und Wirklichkeit

Wie schon die *Phänomenologie* enthalten auch die *Grundlinien* eine ausführliche programmatische Vorrede. In diesem Fall ist sie von Hegel eigens für die Buchversion seiner regelmäßig gehaltenen Vorlesungen über die Philosophie des Rechts verfasst. Die Vorrede umreißt zum einen den Sinn und Zweck des auf sie folgenden Werkes, zum anderen gibt sie dessen Hauptthese vor. Die *Grundlinien* erfüllen dann aber nicht nur die methodisch-thematischen Vorgaben der Vorrede, sondern befolgen in ihrem

Verlauf auch eine logische Prozedur, die in Dreischritten jeweils von einem ersten, einfachen Begriff über dessen zwiespältige Entfaltung zur höherstufigen, komplexen Wiedervereinigung des zuvor geteilten Begriffs führt. Darüber hinaus reicht die finale, dritte Begriffsform einer gegebenen Trias bereits an die Ausgangsebene des nachfolgenden begrifflichen Dreischritts («Übergang»), so dass die durchgehende dreitaktige Gliederung der *Grundlinien* auch als rhythmische Gesamtbewegung ihres Grundbegriffs – des Begriffs des Rechts (daher der Titelbegriff des Werkes «Philosophie des Rechts») – gelesen werden kann.

Die logisch-thematische Organisation der *Grundlinien* umfasst zunächst einmal drei Teile (Das abstraktes Recht, Die Moralität, Die Sittlichkeit), die ihrerseits jeweils wieder in drei Abschnitte gegliedert sind (Das Eigentum, Der Vertrag, Das Unrecht; Der Vorsatz und die Schuld, Die Absicht und das Wohl, Das Gute und das Gewissen; Die Familie, Die bürgerliche Gesellschaft, Der Staat). Besonders umfangreich ist dabei die Abhandlung der Sittlichkeit, die beinahe die Hälfte des Werkes einnimmt und auch sachlich den Schwerpunkt von Hegels Philosophie des Rechts bildet. Unterhalb ihrer gestuft gegliederten Architektonik – oder vielmehr über diese hinweglaufend – bestehen die *Grundlinien*, einschließlich der auf die Vorrede folgenden, ebenfalls umfangreichen Einleitung, aus einer fortlaufend durchgezählten Serie von 360 Paragraphen, die jeweils nur wenige Sätze umfassen, gefolgt von Erläuterungen, wie sie Hegel auch dem mündlichen Vortrag seiner Philosophie des Rechts beizugeben pflegt.

Viele der nach Hegels Tod erschienenen Ausgaben der *Grundlinien* ergänzen das karge Gerüst der Paragraphen samt Erläuterungen noch um weitere, zumeist in den fortlaufenden Text integrierte Materialien: zum einen um Hegels erhaltene eigenhändige «Ergänzungen» aus seinem persönlichen Exemplar der *Grundlinien* (Handexemplar), zum anderen um «Zusätze» von fremder Hand, die aus Mitschriften von Hegels einschlägigen Vorlesungen stammen. Die erhaltenen «Ergänzungen» umfassen dabei nur etwa die erste Hälfte der *Grundlinien*. Die «Zusätze» sind in ihrer Zuverlässigkeit umstritten, haben aber das

Bild der *Grundlinien* über beinahe zwei Jahrhunderte wesentlich mit geprägt.

Sinn und Zweck der *Grundlinien* ist, der Vorrede zufolge, die Herausarbeitung des den verschiedenen gesellschaftlichen Institutionen – vom Recht über die Moralität zur Sittlichkeit – innewohnenden rationalen Kerngehalts («Vernunft»). Den Vernunftbegriff konzipiert Hegel dabei, seinem logisch-realen Doppelprogramm gemäß, so, dass er gleichermaßen die Vernunft als Denkstruktur wie die Vernunft als Wirklichkeitsstruktur umfasst. Die Generalthese der *Grundlinien* ist dann die festzustellende Übereinstimmung von subjektiver und objektiver Vernunft. Die ins Gegenständliche gewendete, objektiv gewordene Vernunft ist nach Hegel die Wirklichkeit selbst.

Mit «Wirklichkeit» ist in den *Grundlinien* und speziell in deren Vorrede also nicht die zufällige, unwesentliche und möglicherweise ganz unvernünftige Beschaffenheit der Dinge gemeint. Vielmehr ist Wirklichkeit im engen und eigentlichen Sinn als verwirklichte Vernunft zu verstehen. In diesem Sinne einer auf Verwirklichung zugeschnittenen Vernunft und einer auf Vernünftigkeit geeichten Wirklichkeit ist Hegels ebenso berühmte wie berüchtigte Doppelthese in der Vorrede der *Grundlinien* zu verstehen:

> «Was vernünftig ist, das ist wirklich;
> Und was wirklich ist, das ist vernünftig.»

Hegels umkehrbare Gleichsetzung von Vernünftigkeit («Vernunft») mit Wirklichkeit und von Wirklichkeit mit Vernünftigkeit dient nicht etwa der zynischen Bejahung des Status quo, durch die das Faktische zum Rationalen verklärt würde. Vielmehr greift Hegel mit seiner Doppelthese gerade umgekehrt auf eine äußerst anspruchsvolle Konzeption von Vernunft wie Wirklichkeit zurück. Eine von der Wirklichkeit radikal geschiedene Vernunft, die unverwirklicht und insofern unwirklich bleibt, ist für Hegel überhaupt keine Vernunft im Vollsinn des Begriffs, der Allgemeinheit mit Konkretheit zusammenbringt. Umgekehrt ist auch eine von Vernunft geschiedene, unvernünftig verfasste Wirklichkeit für Hegel keine eigentliche Wirklichkeit. Nur insofern die Vernunft als verwirklicht erwiesen wird und die Wirklichkeit sich als vernünftig gestaltet erweist, fallen Vernunft und Wirklichkeit zusammen.

Die Aufgabe der *Grundlinien* besteht infolgedessen im Herauspräparieren der Vernunftstrukturen («vernünftige Form»), die der normativ aufgefassten gesellschaftlichen Wirklichkeit («sittliche Welt») zugrunde liegen. Die Wirklichkeit versteht Hegel dabei als die eigene Gegenwart. Gegen die imaginäre Flucht seiner literarischen und philosophischen Zeitgenossen in das klassische Griechenland oder in das romantische Mittalter vertritt Hegel mit Nachdruck die Ausrichtung der Philosophie und speziell der Philosophie des Rechts auf die Gegenwart, die in ihrer Vernünftigkeit wie Wirklichkeit zutage treten soll.

Genauso wenig wie die imaginäre Ausflucht in eine verklärte Vergangenheit toleriert Hegel in der Philosophie des Rechts die idealistische Eskapade in eine ferne, womöglich nie eintretende Zukunft, die das perfekte Widerspiel der gebrechlichen Gegenwart bringen soll. Doch geht es in den *Grundlinien* nicht etwa um die vernunftkonforme Beschönigung der gegenwärtigen gesellschaftlichen Wirklichkeit. Wie in seiner Philosophie ganz allgemein vertritt Hegel auch in der Philosophie des Rechts das Durchzogensein der Wirklichkeit mit Negativität, Widerspruch und Gegensatz, die er als zugehörig zur komplexen Konstitution der Wirklichkeit betrachtet. Umgekehrt gilt für Hegel aber auch, dass die Schäden und Mängel der gegenwärtigen gesellschaftlichen Wirklichkeit deren grundsätzliche Vernunftverfassung nicht in Frage stellen.

Neben der gezielt provokanten Gleichsetzung von Vernunft und Wirklichkeit mit ihrer Zurückweisung von Eskapismus und Utopismus in der Philosophie des Rechts steht im Mittelpunkt der programmatischen Vorrede der Erkenntnisanspruch der *Grundlinien*. Wie die übrigen Teile von Hegels Natur- und Geistesphilosophie («Realphilosophie») soll die Philosophie des objektiven Geistes in ihrer konkreten Gestalt als Philosophie des Rechts ihren Gegenstand – die geistigen Formen des gesellschaftlichen Lebens – in Begriffen beschreiben, die den selber begrifflichen Charakter dieser Wirklichkeit widerspiegeln («wissenschaftliche Methode»).

Statt die logisch-reale Verfahrensweise der *Grundlinien* vorab abstrakt zu beschreiben, führt die Vorrede indirekt in die Methodik des Werkes ein – durch die kritische Auseinandersetzung mit einer anderen, als unwissenschaftlich einzuschätzenden Verfahrensweise in der Philosophie des Rechts. Insbesondere bemängelt Hegel den üblichen Rückgriff auf persönliche Ansichten («Meinungen») bei der Erfassung der gesellschaftlichen Wirklichkeit. Die scheinbare Authentizität solcher angeblichen Einsichten reduziert sich für Hegel auf ein selbstgefälliges Beharren auf zufälligen Ansichten («Eitelkeit und Besonderheit des Meinens»). Auch wo das subjektive Verfahren in der Philosophie des Rechts sachliche Begründungen zu liefern vorgibt, handelt es sich für Hegel letztlich um fingierte Gründe («Ausdenken»).

Gegen den unzuverlässigen Rückgriff auf subjektive Ansichten stellt Hegel in der Philosophie des Rechts die begriffliche Durchdringung («begreifende Erkenntnis») der gesellschaftlichen Wirklichkeit («sittliche Welt») nach deren eigener innerer Beschaffenheit («immanentes Gesetz und Wesen»). An die Stelle von bloß subjektiver Vorstellung und nur persönlicher Meinung tritt damit der verwirklichte Begriff («Idee») im Allgemeinen und die Idee des Rechts samt ihren Ausgestaltungen durch Institutionen und Praktiken im Besonderen. Doch ist die vernünftige Wirklichkeit des Rechts in den *Grundlinien*, bei aller begrifflichen Artikulation und logischen Präzision, kein absolut zeitloses Reich des Geistes. Im Gegenteil ist für Hegel der Geist, insbesondere der in der Sphäre des Rechts realisierte objektive Geist, zutiefst historisch geprägt.

Die wesentliche Geschichtlichkeit des Geistes ist für Hegel auch durch philosophische Erkenntnis («Spekulation») nicht zu überwinden. Sie macht im Gegenteil den Grundzug seines Denkens aus, in dem sich die Logik und die Geschichte des Geistes innig verbinden. Im Hinblick auf das Recht im weitesten Sinne (objektiver Geist) traut Hegel der Philosophie nicht einmal zu, die wesentlichen Beschaffenheiten der eigenen Zeit hinter sich zu lassen. Für Hegel ist die Philosophie ganz generell und die Philosophie des Rechts ganz speziell «ihre Zeit in Gedanken gefaßt». Zwar ist es möglich, die eigene Zeit – auch in rechtlicher Hinsicht – geschichtlich zu verstehen, durch den gezielten Vergleich mit früheren Formen des Geistes. Doch was die konkrete gesellschaftliche Praxis und deren begriffliche Artikulation angeht, kann, Hegel zufolge, niemand die eigene Zeit einfach überspringen.

Die Geschichtlichkeit des Geistes, die bei Hegel untrennbar zur Begrifflichkeit des Geistes dazugehört, bedingt aber nicht nur die primäre Orientierung der Philosophie des Rechts auf die Gegenwart. Sie trägt in die Philosophie des Rechts auch einen retrospektiven und resümierenden Zug. Indem die Philosophie ihre Zeit in Gedanken fasst, behandelt sie die eigene Zeit als etwas schon fertig Vorliegendes und so gut wie Abgeschlossenes. Die Gegenwart, deren geistige Gestalt die Philosophie des Rechts nachzeichnet, ist so selbst bereits zu Geschichte geworden.

In einem berühmten Bild hat Hegel in den *Grundlinien*, zu Ende der Vorrede, den durchweg retrospektiven, damit aber auch leicht resignativen Grundzug seiner Philosophie des objektiven Geistes zum Ausdruck gebracht. Er identifiziert dabei die Philosophie mit jenem in Athen weit verbreiteten nächtlichen Jagdvogel, den die griechische Mythologie der für ihre Weisheit berühmten Stadtgöttin Athena (lateinisch: Minerva) beigibt. Von der «Eule der Minerva» – zoologisch handelt es sich um den Steinkauz (*Athene noctua*) – sagt Hegel, dass sie ihren Flug erst in der Abenddämmerung («Dämmerung») antritt, wenn eine Gestalt des Geistes alt geworden ist. Hegel ergänzt an der gleichen Stelle das Porträt der Philosophie als Geistesdämmerung mit einem der Kunstgeschichte entlehnten Vergleich. In ihrer begrifflichen Beschreibung der Zeit gibt die Philosophie die geschichtlich gewordene Gegenwart nicht in ihrer bunten Fülle wieder, sondern im reduzierten Malstil des Grisaille («Grau in Grau»), der auf das Kolorit zugunsten der Konturen verzichtet.

Doch ist die in den *Grundlinien* vorzufindende Einstellung der Philosophie des Rechts zur Wirklichkeit in Geschichte und

Gegenwart nicht die Resignation, sondern die Rekonziliation («Versöhnung mit der Wirklichkeit»). Das gründliche Begreifen der eigenen, geschichtlich gewordenen Gegenwart soll die Zuhörerschaft der Vorlesungen und die Leserschaft der Buchfassung des Werkes nicht etwa von der eigenen Zeit entfernen oder sie gar in eine vermeintliche Gegenwelt entrücken. Vielmehr beabsichtigt Hegel, sich und uns durch seine eindringlichen Analysen mit der recht verstandenen Gegenwart in all ihren oft widersprüchlichen Zügen auszusöhnen. Im Licht der *Grundlinien* soll man sich in der gegenwärtigen Welt, der einzig wirklichen Welt, zuhause fühlen können – in kritischer, auch selbstkritisch denkender Zeitgenossenschaft.

Recht und Moralität

Die primäre Aufgabe der Philosophie des Rechts ist es, den logischen Aufbau der gesellschaftlichen Wirklichkeit zur begrifflichen Darstellung zu bringen. Formal bedingt dies den Gang der *Grundlinien* vom Einfachen und Elementaren zum Gegliederten und Komplexen. Inhaltlich schreiten die *Grundlinien* dabei durch sich einstellende Gegensätze und auftretende Widersprüche zu endlich erlangten Auflösungen und aufwändig erzielten Versöhnungen. Konkret verfolgen die *Grundlinien* die Entwicklung des Begriffs vom Recht in drei aufeinander folgenden Sphären: dem formal allgemeinen, abstrakten Recht, der dazu konträren, inhaltlich besonderen Moralität und der die gegensätzlichen Elemente von Recht und Moralität wieder versöhnenden, konkreten Sittlichkeit.

Doch fällt die eben skizzierte *logische* Entwicklung des Begriffs des Rechts in den *Grundlinien* nicht zusammen mit der *realen* Entwicklung der Gestalten des Rechts, die Hegel ebenfalls berücksichtigt. Der Sache nach ist für Hegel die abschließende Phase der logischen Entwicklung, also die Sittlichkeit, gegenüber dem Recht und der Moralität das Primäre. Und auch innerhalb der Sittlichkeit ist für Hegel nicht deren logisch-begrifflicher Anfang mit der Familie sachlich primär. Vielmehr hat der ganz am Ende der logischen Entwicklung stehende Staat den sachlichen Vorrang. Damit kehrt sich die logische Ordnung des Begriffs vom Recht in den *Grundlinien* auf der Sachebene in ihr gerades Gegenteil. Es ist die abschließende begriffliche Gestalt des Staates, die den am gründlichsten konkretisierten Begriff des Rechts liefert und die deshalb vorrangig ist gegenüber den vergleichsweise abstrakten Sphären von Recht und Moralität sowie von Familie und bürgerlicher Gesellschaft.

Wenn sich so die sukzessiv entfalteten logisch präparierten Elemente des Begriffs des Rechts (abstraktes Recht, Moralität, Sittlichkeit) als künstlich isolierte Momente erweisen, muss sich das auch auf die Auffassung und Einschätzung der dem Staat vorausliegenden Sphären auswirken. Abstraktes Recht, Moralität, Familie und bürgerliche Gesellschaft bilden nicht vorläufige Stufen einer Entwicklung, die nach und nach überwunden oder abgelegt werden. Vielmehr sind die früheren Stufen in der späteren Entwicklung berücksichtigt und aufbewahrt («aufgehoben»). Was die früheren Stufen liefern, sind nicht defekte und defizitäre Vorformen, sondern essentielle, wenn auch einseitige und insofern beschränkte Bestandteile der sich herausbildenden gesellschaftlichen Gesamtordnung.

In dieser zwischen dem logischen und dem realen Entwicklungsgang ausgewogenen Doppelperspektive sind auch die ersten beiden Teile der *Grundlinien* über das abstrakte Recht und die Moralität zu sehen. Sie sind integrale und vollwertige Bestandteile von Hegels Philosophie des Rechts. Beide Sphären werden von der anschließenden Rechtsgestalt der Sittlichkeit nicht einfach abgelöst, sondern bleiben vorausgesetzt und durchaus funktionsfähig. Deshalb verdienen sie auch eigene Beachtung jenseits ihrer Zuliefererfunktion für die Sittlichkeit.

Zusätzlich zum umfassenden, allgemeinen Begriff des Rechts, dessen Entfaltung den Gesamtgegenstand der *Grundlinien* bildet, behandelt Hegels Philosophie des Rechts gleich eingangs das Recht in engerer juridischer Bedeutung. Die Kennzeichnung des Rechts als «abstrakt» bringt dabei zum Ausdruck, dass die rechtlichen Relationen auf dieser Ebene der Betrachtung nicht den Einzelnen in seiner Besonderheit betreffen, sondern die juristische Person («Personalität»).

Die primäre Eigenschaft der Person als solcher im abstrakten Recht ist der Wille, mit dessen Auffassung als Einheit von Denken und Handeln der Beginn der Rechtsphilosophie als der Philosophie des objektiven Geistes an die systematisch voraufgehende Philosophie des subjektiven Geistes anschließt. Doch anders als die auf das Individuum beschränkte Behandlung des Willens im Horizont des subjektiven Geistes ist der Willensbegriff des objektiven Geistes von Anfang an auf eine Pluralität von Willen angelegt. Vom abstrakten Recht über die Moralität zur Sittlichkeit handelt Hegels Philosophie des objektiven Geistes vom vergesellschafteten Geist. Mehr noch: Für Hegel, der darin seinem Vorgänger Fichte folgt, ist voll funktionsfähiger subjektiver Geist («Subjektivität») nur möglich in sozialen Verhältnissen («Intersubjektivität»), die zur Sphäre des objektiven Geistes gehören.

Aus der Willenslehre der Philosophie des subjektiven Geistes übernimmt die Philosophie des Rechts auch die Ausweisung des Willens als wesentlich frei. Dabei versteht Hegel die Freiheit des Willens nicht als ungebundene Beliebigkeit des Wollens («Willkür»). Vielmehr folgt er Kant, der die Freiheit des Willens als dessen Gebundenheit an ein selbstgegebenes Gesetz versteht («Autonomie»), im Unterschied zur Gebundenheit an ein dem Willen äußerlich auferlegtes Gesetz («Heteronomie»). Für Hegel ist das Gesetz, solange es dem Willen selbst entstammt, keine Einschränkung der Freiheit, sondern die Form ihrer Verwirklichung. Freiheit und Gesetz bedingen einander.

In der Sphäre des abstrakten Rechts manifestiert sich die Freiheit des Willens in rechtlichen Gesetzen, die das Verhältnis pluraler freier Willen zueinander regeln. Hegel folgt Kant auch darin, dass er die Freiheit des Willen nicht für natürlich gegeben erachtet, sondern als allererst durch Rechtsgesetze im Rahmen einer gesellschaftlichen Ordnung verwirklicht. Die so verwirklichte, «objektivierte» Freiheit umfasst dann aber außer der eigenen Freiheit immer auch die Freiheit der anderen. Der durch das abstrakte Recht formierte Wille ist kein Einzelwille mehr, sondern ein allen gemeiner oder allgemeiner Wille. Die Grundbegriffe des abstrakten Rechts behandeln also die wesentlichen

Formen der gemeinschaftlichen Verwirklichung von individueller Freiheit.

Die detaillierte Entfaltung des abstrakten Rechts in den *Grundlinien* ist ganz fokussiert auf die gesellschaftliche Ermöglichung von Freiheit mittels rechtlich fixierter Gesetze. Im Vordergrund stehen dabei die Gesetze als Instrumentarium des Rechts. Die Institutionen und Mechanismen der effektiven Durchsetzung des Rechts bleiben dagegen den späteren Stufen der Entwicklung des Rechts in bürgerlicher Gesellschaft und Staat vorbehalten. Juristisch gesprochen gehören die Themen und Theorien des abstrakten Rechts in die Grundlegung des Privatrechts, speziell des Eigentums- und Vertragsrechts, sowie des öffentlichen Rechts, speziell des Strafrechts. Doch geht es Hegel nicht um die Vorformulierung positiver Gesetze, sondern um die Darstellung der Grundbegriffe, die in die spätere Konstruktion gesetzlicher Regelungen eingehen.

Das abstrakte Recht handelt in drei Abschnitten von den rechtlichen Instrumenten des Eigentums, des Vertrags und der Strafe. In der für die *Grundlinien* maßgeblichen Perspektive auf gesetzlich ermöglichte Freiheitsverwirklichung ist Eigentum keine externe Sache, sondern Medium von äußerlichem Freiheitsgebrauch und äußerlicher Willensausübung. Während Kant ein vorgesellschaftliches, «natürliches» Recht auf Eigentum annimmt («Mein und Dein»), folgt Hegel der gegenteiligen Ansicht Fichtes, der Eigentum als gesellschaftliche Einrichtung betrachtet. Durch die Institution des Eigentums und mittels der damit verbundenen gesetzlichen Regelungen können Personen, so Hegel, ihre ursprünglich bloß innere Willensfreiheit nach außen hin verwirklichen. Im Rahmen von Hegels Geistesphilosophie leistet so das Eigentum einen wichtigen Beitrag zur Vermittlung von Geist und Materie. Unter Bedingungen gesellschaftlich geregelten Eigentums treffen frei tätige Wesen nicht auf widerständige geistlose Materie, sondern auf Dinge, die geistig (rechtlich) geprägt sind und in denen sich der Geist wie in seiner Welt wiederzufinden vermag.

Der zweite Grundbegriff des abstrakten Rechts in den *Grundlinien*, der Vertrag, betrifft die Übereinkunft pluraler Willen zum Zweck des koordinierten Wollens («gemeinsamer Wille»). Für Hegel zählt beim Vertrag nicht die einseitig erteilte Berechtigung zu einer Handlung oder zu einem Gegenstand, sondern die Gegenseitigkeit der rechtlichen Regelungen, durch die sich Personen mit unterschiedlichen Positionen gütlich einigen – sich «vertragen», wie man sagt. Der dritte Grundbegriff des abstrakten Rechts schließlich ist die Strafe, die Hegel als Maßnahme zur Wiederherstellung der beschädigten Rechtsordnung versteht. Der Rechtsbruch («Unrecht») bildet für Hegel eine Störung des übereinstimmenden Willens der Rechtspersonen durch den einen abweichenden Einzelwillen («besonderer Wille des Verbrechers»). Hegel erachtet es für einen wichtigen Bestandteil der rechtlichen Strafe, dass der Straftäter zur Einsicht in die gesellschaftliche Notwendigkeit der rechtlichen Sanktionsmaßnahme gebracht wird.

Die Moralität, die Hegel gleich im Anschluss an das abstrakte Recht behandelt, ist nicht zu verwechseln mit der von Kant gegen die bloße Gesetzmäßigkeit des Handelns («Legalität») gestellte rein moralische Gesinnung. Zwar stellt auch Hegels Theorie der Moralität gegen das auf die Regulierung äußerer Handlungen beschränkte (abstrakte) Recht die Berücksichtigung und Bewertung von Motivation und Intention. Doch gehört für Hegel zur vollständigen Erfassung der Moralität gerade auch das Verhältnis der rein innerlichen moralischen Willensbildung zum äußeren Handeln und damit zu anderen Handelnden. Dabei entspricht es der Mittelstellung der Moralität zwischen dem abstraktem Recht und der Sittlichkeit, dass das Verhältnis zwischen innerer Einstellung und äußerer Auswirkung von Spannung, ja Gegensatz und Widerspruch markiert ist.

Der äußerlich manifesten Freiheit des Willens im abstrakten Recht steht so in der Moralität die innere Freiheit des Wollens gegenüber («moralisch frei»). In Anlehnung an Kant begreift Hegel die moralische Willensbildung als sowohl erkenntnisartiges wie willensförmiges Selbstverhältnis («Reflexion in sich», «Selbstbestimmung»). Doch bezieht Hegel, darin über Kant hinausgehend, neben der Innerlichkeit des Wollens auch die Vervollständigung des subjektiven Willens im erreichten Zweck

(«Objektivität») in die Moralität ein. Das Gesamt von eigenem Wollen, leitendem Begriff und verwirklichtem Zweck macht für Hegel den moralphilosophischen Grundbegriff der «Handlung» aus.

In den drei Abschnitten zur Moralität in den *Grundlinien* behandelt Hegel zunächst die Begrifflichkeit von Vorsatz und Schuld. Dabei wird die Schuld verhältnismäßig weit gefasst, so dass sie am ehesten dem juristischen Begriff der Haftbarkeit entspricht. Dagegen bezieht sich der Vorsatz recht eng auf das als solches Intendierte, was zur Unterscheidung der (vorsätzlichen) «Handlung» von der (von zufälligen Folgen begleiteten) «Tat» führt. Im Hinblick auf das anschließende moralphilosophische Begriffspaar von Absicht und Wohl erörtert Hegel das Verhältnis zwischen allgemein verbindlichen Zwecken («Wohl») und der subjektiven Zufriedenheit, die sich bei deren beabsichtigter Verwirklichung einstellt («Befriedigung»). Schließlich wendet sich Hegel dem moralphilosophischen Begriffspaar von Gutem und Gewissen zu. Hier kommt es ihm darauf an, dass neben dem Recht des Subjekts, nur seinen eigenen inneren Überzeugungen («Gewissen») zu folgen, immer auch die Belange der gesellschaftlich verfassten, «objektiven» Freiheit Berücksichtigung zu finden haben.

Bei seiner Erörterung der Grundbegriffe der Moralität greift Hegel, wie schon zuvor bei der Behandlung der fundamentalen Konzepte des abstrakten Rechts, getreu der programmatischen Orientierung der *Grundlinien*, auf (zur damaligen Zeit) gegenwärtige rechtliche und moralische Vorstellungen zurück. Doch verleiht er seinen Ausführungen zusätzlich noch eine historische Dimension, wenn er wiederholt auf den rezenten Charakter speziell der Begrifflichkeit von Persönlichkeit, subjektiver Freiheit und Individualität verweist. Hegel zufolge handelt es hierbei um wesentlich nachantike Begriffe, deren Ursprung er auf das Menschenbild des Christentums zurückführt und deren Verbreitung er in der Neuzeit («moderne Zeit») lokalisiert. Die geschichtliche Prägung der rechtlichen Grundbegrifflichkeit zusammen mit deren spezifischem Gegenwartsbezug durchzieht auch die dritte Sphäre des objektiven Geistes in den *Grund-*

linien, die Sittlichkeit, und damit das ganze Werk, das sich so als historisch informierte rechtlich-politische Gegenwartsdiagnose erweist.

Sittlichkeit und Freiheit

Die Einführung einer eigenen Formation des objektiven Geistes, zusätzlich zum abstrakten Recht und zur Moralität, unter dem Titel «Sittlichkeit» in den *Grundlinien* stellt eine der originellen philosophischen Leistungen Hegels dar. Mit der Ausarbeitung dieses abschließenden und umfangreichsten Teils seiner Philosophie des Rechts leistet Hegel einen bahnbrechenden Beitrag zur Analyse und Kritik der modernen Gesellschaft in deren privater, wirtschaftlicher und politischer Dimension. In der Gesamtkonzeption der *Grundlinien* reintegriert Hegels Theorie moderner Sittlichkeit die jeweiligen Einseitigkeiten der beiden vorherigen Teile – die Formalität und Generalität des abstrakten Rechts sowie den Gegensatz in der Moralität zwischen subjektiver, persönlich gewählter Freiheit und objektiver, gesetzlich geregelter Freiheit – in eine spannungsreiche, aber ausgewogene Schlussgestalt.

Schon die von Hegel vorgenommene Ergänzung von Recht und Moral durch ein drittes praktisches Regelgebilde, die Sittlichkeit, das weder rein rechtlich noch bloß moralisch funktioniert, erregt Erstaunen. Kant wie Fichte vertreten, jeder auf seine Weise und beide mit guten Argumenten, die vollständige Zweiteilung des Gebiets der praktischen Philosophie in Recht («Rechtslehre») und Ethik («Sittenlehre»). Erst recht aber muss es verwundern, dass Hegel für die Ergänzung der bislang zweigeteilten praktischen Philosophie den altmodisch wirkenden Titel «Sittlichkeit» wählt, der Sitten, Üblichkeiten und Gebräuche indiziert und gerade nicht allgemein verbindliche Normativität beinhaltet. Zwar greift auch Kant bei der Kennzeichnung seiner späten Ethik auf den Ausdruck «Sitten» zurück, aber nicht ohne den Terminus sogleich durch einen Zusatz zu qualifizieren, der die vielfältigen und unterschiedlichen Sitten auf deren universale Prinzipien zurückführt («Metaphysik der Sitten»).

Hegel geht es aber gerade darum, mit der Verwendung des

Terminus «Sittlichkeit» an das informelle, implizite und verinnerlichte Bestehen überlieferter Verhaltensregeln in früheren Formen von Ethik anzuschließen. Neben die Äußerlichkeit des abstrakten Rechts und die Innerlichkeit der Moralität soll so, als integrierendes Drittes, die Konkretion der Sittlichkeit treten. Schon in Jena unterscheidet Hegel, in kritischer Auseinandersetzung mit Kant und vor allem mit Fichte, zwischen dem «System der Legalität» und dem «System der Moralität» einerseits und dem diese beiden Systeme überbietenden «System der Sittlichkeit» andererseits.

In Jena wie in Berlin ist Hegels primärer historischer Bezugspunkt für den zu Recht und Moral alternativen Typus von gesellschaftlichem Regelwerk («Sittlichkeit») das klassische griechische Denken, wie es insbesondere in den ethischen und politischen Schriften des Aristoteles zum Ausdruck gelangt (*Nikomachische Ethik*, *Politik*). Im Mittelpunkt der antiken Ethiken und Politiken steht das Charakterideal (*ethos*) des von beruflichen Verrichtungen befreiten, «freien» Bürgers, der sich ganz der eigenen ethischen Selbstvervollkommnung und der politischen Partizipation am Gemeinwesen widmen kann.

Doch geht es weder dem frühen noch dem späten Hegel um die anachronistische Wiederherstellung solcher einstiger Verhältnisse. Für Hegel ist die ethische und politische Kultur der Griechen, zu der er explizit auch die inhumane institutionelle Sklaverei, die eklatante soziale Ungleichheit und die notorische politische Instabilität rechnet, eine untergegangene und überwundene Lebensform. Wohl aber möchte Hegel an einzelne Elemente des ethisch-politischen Denkens der Griechen anschließen, die er dabei allerdings den ganz anderen Anforderungen der eigenen Gegenwart anpassen will. Zu den für Hegel attraktiven Attributen des griechischen Denkens in Ethik und Politik gehört vor allem die emphatische Identifikation des Handelnden mit den bestehenden ethischen und politischen Gesetzlichkeiten, die völlig verinnerlicht sind («zweite Natur»). Der Einzelne unterliegt so nicht einfach nur fremden Gesetzen, die passiv befolgt werden müssen, sondern kann sich in den gesetzlichen Vorgaben selber wiederfinden und sie so bejahen und befolgen.

Bei seinem Unternehmen einer Modernisierung der ursprünglich antiken Sittlichkeit besteht Hegel durchweg auf dem unbedingten Wert des Individuums in seiner eigenverantwortlichen Lebensführung («Freiheit»). Die von Hegel anvisierte Zusammenführung von substantieller Sittlichkeit und subjektiver Freiheit kann aber nur gelingen, wenn die objektiv bestehenden Gesetze angesehen werden können als objektivierte Gestaltungen der subjektiven Freiheit selbst. Moderne Sittlichkeit besteht dann im Erkennen und Anerkennen des wesentlichen Zusammenfallens von objektiver und subjektiver Freiheit. Zum einen aktualisiert Hegels Konzeption der Sittlichkeit in den *Grundlinien* also die vormoderne strenge Objektivität sittlicher Gesetze durch den verstärkten Einbezug moderner, individueller Subjektivität. Zum anderen moderiert Hegel aber auch die moderne Vorherrschaft von Individualität und Subjektivität, indem er auf dem Fortbestehen von substantieller Sittlichkeit auch unter modernen, individualistischen Verhältnissen beharrt.

Auch bei der inhaltlichen Ausgestaltung der einzelnen Teile der Sittlichkeit in den *Grundlinien* verbindet Hegel antike Inspiration und moderne Interpretation. So übernimmt Hegel aus Aristoteles' *Politik* und der dieses Werk ergänzenden *Ökonomik* die gestufte Behandlung von Familienangelegenheiten, wirtschaftlichen Belangen und Staatsgeschäften. Doch während bei Aristoteles die Familie als erweiterter Haushalt und die Wirtschaft als familienbasierte Hauswirtschaft zusammengehören (*oikonomia*), beschränkt Hegel den privaten Haushalt auf die bürgerliche Kleinfamilie («Familie») und ersetzt die auf das private Haushalten beschränkte Ökonomie durch die gesamtgesellschaftliche Sphäre des Wirtschaftens und Handelns («bürgerliche Gesellschaft»). Von Familie wie bürgerlicher Gesellschaft unterscheidet Hegel in den *Grundlinien* dann noch die politische Sphäre der öffentlichen Aufgaben von Regierung und Verwaltung («Staat»).

Mit seinem anspruchsvollen Vorhaben, Individualismus und Gemeinschaftssinn in ein wechselseitiges unterstützendes Verhältnis zu bringen, erweist sich Hegel in den *Grundlinien* als kreativer Kritiker des antiken wie des modernen gesellschaftlichen Denkens. Weder folgt er der für antike Verhältnisse charakteristischen Unterordnung des Individuums als Bürger (griechisch *polites*, römisch *civis*) unter die politische Gemeinschaft (griechisch *polis*, römisch *res publica*). Noch schließt er sich einfach der für moderne Bestrebungen typischen Befreiung des Individuums von gesellschaftlicher und staatlicher Reglementierung an. Jenseits der Alternative von antikem Kollektivismus und modernem Liberalismus sucht Hegel so einen vernünftigen Ausgleich zwischen den ebenso konträren wie komplementären Extrempositionen von liberalem Individualismus und konservativem Kommunitarismus.

Allerdings bringt die ambitionierte Zwischenstellung der Sittlichkeit in den *Grundlinien* auch eine ambivalente Einschätzung von Hegels politisch-philosophischem Profil mit sich. Hegel wird ebenso als früher Vertreter eines progressiven Liberalismus aufgenommen wie als Anhänger eines konservativen, ja reaktionären Verständnisses von Staat und Gesellschaft. Jenseits der mit solchen Zuordnungen verbundenen Polemik oder Propaganda sind die *Grundlinien* ein zeitdiagnostisches und zeitkritisches Werk, das sich einfachen und eindeutigen ideologischen Zuordnungen entzieht. Die profunde Ambivalenz der *Grundlinien* spiegelt so die komplexe, durchaus widersprüchliche Verfassung der modernen gesellschaftlichen Wirklichkeit im Medium des Begriffs wider.

Die Differenz der modernen Sittlichkeit zur ethischen und politischen Kultur der Antike macht Hegel in den *Grundlinien* historisch an der spätantiken Christianisierung des römischen Reiches und der dadurch geprägten Welt des mittelalterlichen Europa fest. In der klassischen Antike erfährt das Individuum, Hegel zufolge, Achtung und Anerkennung, insofern es freier Bürger eines Gemeinwesens ist. Deshalb kommt in antiken Verhältnissen auch nur der (politisch) Freie in den Genuss von Achtung und Anerkennung. Für Hegel ersetzt dann das christliche Menschenbild die vorherige sozial stark beschränkte Wertschätzung eines Menschen durch die absolute, unbedingte Wertschätzung jedes Menschen bloß als Mensch.

Trotz der von ihm herausgestellten gesellschaftlich-politischen

Bedeutung des Christentums ist Hegels Verhältnis zur ursprünglich christlich geprägten Tradition des Naturrechts insgesamt kritisch. Das Recht und die Rechte sind für Hegel nichts natürlich Vorgegebenes. Vielmehr ist die gesamte Sphäre des Rechts – vom abstrakten Recht über die Moralität zur Sittlichkeit – Produkt des Geistes und insofern gesellschaftlich generiert. Auch der moderne Ausläufer des Naturrechts, die Vorstellung natürlicher Rechte, wie sie sich speziell im englischen und nordamerikanischen politischen Denken, bei John Locke und den Gründungsvätern der Vereinigten Staaten, findet (*natural rights*), läuft Hegels Konzeption der Philosophie des Rechts als Philosophie des sich objektivierenden Geistes zuwider.

Genauso wie Hegel die traditionelle naturrechtliche Vorstellung außergeschichtlich bestehender und zeitlos gültiger Gesetze verwirft, weist er aber auch die radikale Historisierung des Rechts zurück, die sein Berliner juristischer Kollege, der einflussreiche Begründer der historischen Rechtsschule Friedrich Carl von Savigny (1779–1861), vertritt. Für Hegel ist das Recht weder zeitlos-ewig noch historisch-relativ. Deshalb entzieht sich Hegels Philosophie des Rechts auch der Alternative von normativer und deskriptiver Rechtsauffassung. Für Hegel ist das Recht geschichtlich in seiner sich zu sich entwickelnden Begrifflichkeit und begrifflich in seiner von Vernunft bestimmten Geschichtlichkeit.

Das kritische Verhältnis, in dem Hegels Philosophie des Rechts außer zum antiken auch zum modernen Rechts- und Staatsdenken steht, zeigt sich besonders eklatant an seiner Kritik des Vertragsmodells vom Ursprung staatlicher Ordnung. Von Hobbes und Locke über Rousseau bis Kant und Fichte führt die politische Philosophie der Neuzeit das Zustandekommen politischer Gebilde auf einen Gesellschaftsvertrag (*pactum civile*, *civil compact*, *contrat social*) zurück, in dem sich eine Vielzahl von Menschen zu einem Gemeinwesen verbindet (*civitas*, *commonwealth*) und sich dabei einer eigens eingesetzten Regierung unterwirft. Die frühneuzeitliche Philosophie betrachtet den vertraglichen Ursprung von Staat und Regierung entweder als mutmaßliches historisches Faktum oder als künstliche

Fiktion («Idee») zum Zweck der Legitimation von politischer Herrschaft.

Ein integraler Bestandteil der Tradition des Gesellschaftsvertrags ist die Unterscheidung zwischen dem Naturzustand (*status naturae*) und dem bürgerlichen Zustand (*status civilis*). Seit Hobbes gilt der Eintritt in den Staat vor allem als eine Maßnahme der Klugheit im Interesse persönlicher Sicherheit (*security*). Für Kant dagegen ist der Austritt aus dem Naturzustand und der Eintritt in den bürgerlichen Zustand ein unbedingtes rechtlich-moralisches Gebot («kategorischer Imperativ»). Unter den politischen Philosophen vor Hegel verzichtet nur Montesquieu auf das Konstrukt des Gesellschaftsvertrags. Anders als der politisch-philosophische Hauptstrom hat Montesquieu auch nicht einen singulären, prototypischen Staat moderner Prägung im Blick, sondern die ganze geschichtliche und geographische Spannweite politischer Ordnungen.

Hegel teilt Montesquieus skeptische Einstellung gegenüber der genealogischen Betrachtung staatlicher Strukturen. Insbesondere kritisiert er den Kategorienfehler, der in der umstandslosen Übertragung des zivilrechtlichen Instituts des Vertrags auf die Ersteinrichtung öffentlich-rechtlicher Ordnung liegt. Während aber Montesquieu statt Vertrag und Übereinkunft die pluralen Prinzipien (*principes*) der diversen Staatenbildungen im Blick hat, zielt Hegels Philosophie des Rechts auf die begriffliche Artikulation gesellschaftlich-politischer Ordnung im Hinblick auf gegenwärtige Verhältnisse. Die rechtlich-politischen Prinzipien, um die es Hegel in den *Grundlinien* geht, sind die Grundzüge des modernen monarchischen Machtstaats und seiner gesellschaftlichen Grundlage im Bürgertum von Besitz und Bildung.

Staat und Gesellschaft

Wenn der auf das abstrakte Recht und die Moralität folgende abschließende Teil der *Grundlinien*, die Sittlichkeit, das Zentrum des ganzen Werkes bildet, dann steht in deren Zentrum wiederum der zwischen der Familie und dem Staat vermittelnde

Teil der Sittlichkeit, die bürgerliche Gesellschaft. Wie schon die generelle Benennung «Sittlichkeit» muss auch der spezielle Titel «bürgerliche Gesellschaft» erstaunen. In der Tradition der politischen Philosophie ist der Ausdruck, zusammen mit seinen fremdsprachigen Äquivalenten (*civil society*, *société civile*), die Übersetzung des griechischen Begriffs für die politische Gemeinschaft (*koinonia politike*) und seiner lateinischen Übertragung (*societas civilis*). Gemeint ist durchweg der als Gemeinwesen aufgefasste Staat in seinem Selbstverständnis als Bürgerstaat (*politeia*, *civitas*).

Hegels Verwendung des Ausdrucks «bürgerliche Gesellschaft» übernimmt von dieser fortwirkenden politischen Tradition die Konzeption der inneren Organisation eines Gemeinwesens durch seine Bürgerschaft, die das gemeinschaftliche Gebilde ebenso plant und einrichtet wie betreibt und unterhält. Doch trennt Hegel den selbstorganisierten Bürgerstaat vom Staat im engeren Sinne ab, dem er die Regierung und die öffentliche Verwaltung des Gemeinwesens vorbehält («politischer Staat»). Die Grundlage für die Entpolitisierung der bürgerlichen Gesellschaft bei Hegel ist deren Umdeutung von der politischen Gemeinschaft der Staatsbürger zur zivilen Gemeinschaft der Stadtbürger. Als zivil im Sinne von zivilisiert gilt in modernen Zeiten die Gesellschaft der Stadtbewohner, die Handel und Gewerbe treiben oder Berufe aufgrund von akademischer Ausbildung ausüben.

Hegels Neubestimmung der bürgerlichen Gesellschaft erfolgt unter dem Einfluss von Adam Fergusons sozialgeschichtlicher Studie über die Entstehung der bürgerlichen Gesellschaft (*An Essay on the History of Civil Society*, 1767). Bei Ferguson markiert die bürgerliche Gesellschaft das dritte Entwicklungsstadium der Menschheit (*citizens*) nach den früheren Stufen der nomadischen, «wilden» Gesellschaft (*savages*) und der agrarischen, «barbarischen» Gesellschaft (*barbarians*). Für ihn ist die Ausbildung der bürgerlichen Gesellschaft durch die zunehmende Vorherrschaft des Wirtschaftslebens und von dessen arbeitsteiliger Organisationsform charakterisiert (*commercial society*). Auch zeigt sich Ferguson skeptisch gegenüber dem in der bürgerlichen Gesellschaft erzielten Gewinn an persönlicher Sicherheit im Verhältnis zu der verlorengegangenen persönlichen Selbstbestimmung in der nomadischen oder agrarischen Gesellschaft.

Außer an Ferguson schließt Hegels eigenständige Behandlung der bürgerlichen Gesellschaft an Montesquieu an, der im *Geist der Gesetze* zwischen «politischer Freiheit» (*liberté politique*) und «bürgerlicher Freiheit» (*liberté civile*) unterscheidet. Für Montesquieu besteht die *politische* Freiheit, die er hauptsächlich in der griechischen Polis und in der römischen Republik, aber auch in Englands parlamentarischer Monarchie verwirklicht sieht, in der persönlichen oder repräsentativen Teilhabe an politischer Macht. Dagegen besteht die für die Moderne typische *bürgerliche* Freiheit, laut Montesquieu, in der zuverlässigen Geschütztheit des Bürgers vor staatlichen Willkürmaßnahmen wie vor unrechtmäßiger Beeinträchtigung durch andere Bürger.

Mit Montesquieu und gegen Ferguson sieht Hegel in Entstehung und Aufstieg der bürgerlichen Gesellschaft eine insgesamt positive Entwicklung, die von individueller, «subjektiver» Freiheit bei gleichzeitiger Berücksichtigung sozialer Belange («allgemeine Freiheit») geprägt ist. Allerdings ordnet Hegel die eigengesetzliche Sphäre der bürgerlichen Gesellschaft dem im eminenten Sinne politischen Staat unter, der für ihn den letzten Zweck der modernen Sittlichkeit jenseits des familiären Privatlebens und der öffentlichen bürgerlichen Existenz darstellt. Eine Wendung von Hobbes aufnehmend, der den modernen, monarchisch regierten Staat einmal als «sterblichen Gott» (*mortal God*) bezeichnet, deklariert Hegel den Staat seiner *Grundlinien*, bei dem es sich im Wesentlichen um den nachnapoleonischen Nationalstaat konservativen Zuschnitts handelt, wie er ihn im Preußen der Restauration realisiert sieht, zum «irdischen Absoluten».

Man kann in der Überbietung der bürgerlichen Gesellschaft durch den politischen Staat bei Hegel eine Staatsidolatrie am Werk sehen, die der Staatsmacht und ihren Ausgestaltungen höchste Priorität im gesamtgesellschaftlichen Leben einräumt.

Doch ist der Staat bei Hegel seinerseits doppelt beschränkt. Zum einen gehört der Staat, geopolitisch gesehen, in eine internationale Ordnung nebeneinander bestehender und miteinander konkurrierender Einzelstaaten, denen gegenüber er sich mit friedlichen oder kriegerischen, mit wirtschaftlichen oder militärischen Mitteln zu behaupten hat. Zum anderen steht der Staat bei Hegel, historisch gesehen, in einer langen Reihe erst aufkommender, dann aufblühender und schließlich wieder verfallender Staatengebilde, die den weltlichen Gang des Geistes («Weltgeist») über Zeiten und Räume hinweg («Weltgeschichte») ausmachen. Schließlich wird die gesamte Sphäre des objektiven Geistes unter Einschluss des Staates ihrerseits überboten durch die geschichtlich wirksamen Mächte des absoluten Geistes in Gestalt von Kunst, Religion und Wissenschaft («Philosophie»).

Doch auch unabhängig von dieser mehrfachen Relativierung des absolut scheinenden Staates enthält Hegels Philosophie des Rechts in den *Grundlinien* Ansätze zu einer zivilen Zähmung des Staates. So bildet die gegenüber dem Staat zunehmend eigenständig auftretende bürgerliche Gesellschaft ein wirtschaftliches Gegenwicht zur Staatsräson aus, solange sich nicht ökonomische mit militärischen Interessen verbinden. Auch setzt die zunehmende gesamtgesellschaftliche Rolle des (kapitalbesitzenden, warenproduzierenden und güterhandelnden) Bürgertums eine Dynamik in Gang, die auf immer stärkere politische Repräsentation der bürgerlichen Interessen drängt.

Wenn auch diese historisch anstehenden Entwicklungen in den *Grundlinien* weniger angesprochen als angedeutet werden, ist Hegels Philosophie des Rechts doch offen und bereit für eine sukzessive Liberalisierung und Demokratisierung des zunächst noch monarchisch-absolutistisch eingerichteten Staates. Aus der Perspektive ihrer Nachgeschichte her betrachtet, scheint Hegels bürgerlich-politische Zweiteilung des Gemeinwesens in bürgerliche Gesellschaft und politischen Staat geradezu angelegt auf die positive Interaktion von liberalem Bürgergeist und konservativem Staatsgeist. Der produktive Dualismus von Staat und Gesellschaft bei Hegel widerlegt auch die letztlich unangemessene Polarisierung des politischen Hegelbildes zwischen dem liberalen und dem konservativen, dem progressiven und dem reaktionären Hegel. In der dualen, dabei aber dialektischen Perspektive auf die *Grundlinien* erhalten auch die markanten Grundzüge von bürgerlicher Gesellschaft und politischem Staat bei Hegel ihren funktionalen Wert und ihre jeweilige Bedeutung für das staatlich-gesellschaftliche Ganze.

Der gewichtigste Teil von Hegels neuartiger Behandlung der bürgerlichen Gesellschaft in den *Grundlinien* ist deren wirtschaftlichem Subsystem gewidmet. Unter dem Titel «System der Bedürfnisse» behandelt Hegel, im Rückgriff auf das gerade erst aufkommende nationalökonomische Denken (A. Smith, *An Inquiry into the Nature and Causes of the Wealth of Nations*, 1776), das marktmäßige Zusammenspiel von pluralen wirtschaftlichen Privatinteressen. Im Zentrum von Hegels begrifflicher Analyse steht die produktive Tätigkeit («Arbeit») als Bindeglied («Vermittlung») zwischen Bedarf («Bedürfnis») und Sättigung («Befriedigung»).

Die von Hegel diagnostizierte Vermittlungsleistung der Arbeit bindet die Einzelinteressen der am Austausch Beteiligten zu einem organischen Ganzen («System»), das außer dem Eigennutz auch einem gemeinsamen Gut («Wohl») dient. Die Verbundenheit («Abhängigkeit und Gegenseitigkeit») der Arbeit wie der Befriedigung der Bedürfnisse lässt das Verfolgen des Eigeninteresses («subjektive Selbstsucht») ungewollt umschlagen in einen «Beitrag zur Befriedigung der Bedürfnisse aller anderen». Ein wichtiger Bestandteil der systematisch vermittelten Funktionen von Arbeit, Bedürfnis und Befriedigung ist die zunehmende Partikularisierung der Bedürfnisse, die nicht nur immer vielfältiger, sondern auch stetig qualitativ anspruchsvoller werden («Luxus»). Dementsprechend wird auch die Arbeit zunehmend vielteiliger und dabei auf einzelne Schritte verteilt, die immer einfacher werden («Abstraktion»). Die von Hegel klar erkannte Grundform der mechanisierten und maschinisierten Produktionsleistung ist die moderne Arbeitsteilung («Teilung der Arbeiten»).

Das Geflecht von Bedürfnis, Arbeit und Befriedigung bettet Hegel ein in ein sozioökonomisches Gefüge von drei Formen der Beitrags zum Wohlstand einer Nation («Vermögen»), die sich auf drei funktional differenzierte Berufsgruppierungen («Stände») verteilen: die Produktion durch den «substantiellen Stand», den Handel durch den «Stand des Gewerbes» und die Verwaltung und Aufsicht des gesellschaftlichen Ganzen durch den «allgemeinen Stand». Hegel verweist überdies auf die zunehmende fabrikmäßige Anlage der Landwirtschaft, durch die sich der erste dem zweiten Stand annähert. Anders als bei der früheren rigiden Reglementierung der Berufe durch das Zunftwesen soll die freie Berufswahl gelten.

Nach dem primär wirtschaftlichen System der Bedürfnisse steht im mittleren Teil der bürgerlichen Gesellschaft mit der «Rechtspflege» eine Institution, die über die Wahrung der Persönlichkeit und den Schutz des Eigentums («Anerkanntsein») im bürgerlichen Gesellschaftsleben wachen soll. Während das abstrakte Recht am Anfang der *Grundlinien* dem «an sich seienden» Recht gewidmet ist, gilt die Institutionalisierung des Rechts in der bürgerlichen Gesellschaft dem «gesetzten» Recht in Gestalt von positiven Gesetzen. Im Gegensatz zu Savigny spricht sich Hegel für die Kodifizierung des geltenden Rechts aus («Landrecht») und insistiert generell auf der Öffentlichkeit von Gesetzgebung und Rechtsprechung.

Nachdem sich der mittlere Teil zur Rechtspflege in der bürgerlichen Gesellschaft bereits fallweise mit der Reparatur und Restitution einer gelegentlich aus den Fugen geratenen bürgerlichen Gesellschaft beschäftigt, ist der abschießende Teil mit generellen Maßnahmen zur Gewährleistung der Sicherheit und des Wohlergehens der Mitglieder der bürgerlichen Gesellschaft befasst. Die Titelbegriffe dieses Teils – «Polizei» und «Korporation» – scheinen der sonst eher liberalen Konzeption der bürgerlichen Gesellschaft bei Hegel entgegengesetzt. Diesem Anschein steht aber entgegen, dass der Ausdruck «Polizei» zu Hegels Zeit und auch bei Hegel selbst ganz allgemein Belange der inneren Sicherheit im Sinne von Innenpolitik betrifft. Auch bei der Korporation handelt es sich nicht um eine ständestaatliche Parzellierung der bürgerlichen Gesellschaft, sondern um Institutionen und Maßnahmen sozialpolitischer Art, die aus der Mitte der (bürgerlichen) Gesellschaft eingerichtet und betrieben werden.

In beiden Bereichen – modern gesprochen: der Innen- und Sozialpolitik – geht es um die Einhegung der exzessiven Folgen der kommerzialisierten bürgerlichen Gesellschaft. Hegel verweist ganz generell auf die konfliktgeladene Dynamik («Dialektik») der wirtschaftlich florierenden bürgerlichen Gesellschaft. In der durch Konkurrenz geprägten Wirtschaftswelt («Produzenten und Konsumenten») führen völlig legale Maßnahmen («erlaubte Willkür»), zusätzlich zum Erzielen von Gewinn und Vorteil, immer auch zu nachteiligen Entwicklungen für Einzelne oder für ganze Bevölkerungsgruppen («Schäden und Unrecht»). Polizeiliche Maßnahmen («Aufsicht und Vorsorge»), darunter der Einsatz von öffentlichen Abgaben («Taxation») zu gesamtgesellschaftlichen Zwecken, sollen dem entgegensteuern.

Hegel porträtiert besonders eindringlich das dialektische Verhältnis zwischen dem immer größer werdenden Reichtum in einzelnen Teilen der bürgerlichen Gesellschaft («reichere Klasse») und der zunehmenden Verarmung («Übermaß der Armut») und Verelendung («Erzeugung des Pöbels») einer ganzen Bevölkerungsschicht («an Arbeit gebundene Klasse»). Insbesondere konstatiert Hegel, nicht zuletzt im Blick auf die Verhältnisse im frühindustriellen England, dass die bürgerliche Gesellschaft trotz ihrer immensen wirtschaftlichen Erfolge nicht in der Lage zu sein scheint, für den Wohlstand der gesamten Nation zu sorgen («nicht reich genug»). Unter diesen Bedingungen braucht es, so Hegel, gezielte innenpolitische Schutzmaßnahmen («polizeiliche Vorsorge») zur Verhinderung oder doch Linderung von Verarmung und Verelendung («Sicherung der Subsistenz und des Wohls des Einzelnen»).

Unterstützt wird die im Interesse der Allgemeinheit operierende soziale Innenpolitik («Polizei») durch berufsständische Interessenvertretungen («Korporationen»). Es handelt sich um freiwillige Vereinigungen zum Zweck der gegenseitigen Unterstützung der Mitglieder («Genossenschaft»). Die Korporationen fungieren so als familienartiges Netzwerk zur Unterstützung des vereinzelten Individuums («Atom») durch eine solidarische Gemeinschaft («zweite Familie»). Das Genossenschaftswesen ist besonders nötig für den zweiten, auf Gewerbe und Handel ausgerichteten Berufsstand. Gegenüber dessen inhärenter Tendenz zu Individualisierung und Partikularisierung («besondere Gesellschaft») dienen die Korporationen der Wiedergewinnung einer Gemeinschaftlichkeit («Allgemeines»), die dann auf der abschließenden Ebene der Sittlichkeit, beim Staat in engerer Bedeutung, noch einmal im Mittelpunkt steht.

Den Staat konstruieren die *Grundlinien* seinem Begriff nach als höhere Einheit von objektiv verfasster, gelebter «Sitte» und subjektiv verwirklichtem, reflektierendem «Selbstbewusstsein». Die in Familie und bürgerlicher Gesellschaft noch getrennt auftretenden Formen von Freiheit – «substantielle» bzw. «subjektive Freiheit» – kommen im Staat überein in einer Freiheit, die sowohl objektiv («an sich») wie subjektiv («für sich») verwirklicht ist («konkrete Freiheit»). Für Hegel steht das Individuum dem Staat nicht fremd gegenüber, sondern begreift sich als dessen integraler Bestandteil («Mitglied des Staats»). Doch betont Hegel auch, dass die vorstaatlichen Einrichtungen zum rechtlichen und sozialen Schutz des Individuums («Privatrecht») nicht etwa wegfallen, sondern als Voraussetzungen des Staates («Basis») erhalten bleiben.

Die im Staat vollzogene Vermittlung von gesellschaftlicher Individualität («persönliche Einzelheit») und gesellschaftlicher Universalität («Interesse des Allgemeinen») manifestiert sich für Hegel subjektiv als affirmative Identifikation des Individuums mit dem Staat («politische Gesinnung») und objektiv als ganzheitlich-organischer Aufbau des Staates («innere Verfassung»). Die begriffliche Analyse des spezifisch modernen Bürger- und Verfassungsstaates («eigentlich politischer Staat») in den *Grundlinien* gliedert den Rechtsbegriff des Staates in die interne Organisation des Staates («inneres Staatsrecht»), die externe Relation des Staates zu anderen Staaten («äußeres Staatsrecht») und den geistigen Gang der Staatengeschichte im globalen Maßstab («Weltgeschichte»).

Im Mittelpunkt von Hegels Strukturanalyse des Staates («politische Verfassung») steht die dreifache Differenzierung der Staatsgewalt. Anders als Montesquieu, der gesetzgebende, ausführende und richterliche Gewalt (Legislative, Exekutive,

Judikative) unterscheidet, differenziert Hegel zwischen der fürstlichen Gewalt, der Regierungsgewalt und der Gesetzgebungsgewalt. Hegel weicht auch darin von Montesquieu wie von der antiken Lehre von den Staatsformen ab, dass er weder eine Klassifikation möglicher Regimeformen (Monarchie, Aristokratie, Demokratie) vornimmt noch die Mischung von Verfassungsformen im Blick hat (Republik, konstitutionelle Monarchie). Für Hegel ist der Staat seinem Begriff nach monarchisch verfasst. Der Monarch («fürstliche Gewalt») ist Inhaber der obersten Gewalt im Staat («Souverän»). Die Regierung des Staates umfasst außer der im engeren Sinne exekutiven Gewalt – Minister, Beamtenapparat – auch die judikative Gewalt. Die Gesetzgebung obliegt zwei getrennten Organen («Kammern»): der Versammlung der Grundherren («Stand der Güterbesitzer») und der Vertretung der bürgerlichen Gesellschaft.

Hegels monarchischer Staat ist aber keine parlamentarische Monarchie nach englischem Vorbild. Weder ist der Souverän an garantierte Grundrechte der Untertanen gebunden (*Magna Carta*, *Bill of Rights*), noch rekrutiert sich die untere Kammer durch allgemeine Wahl direkt aus der Bevölkerung. Vielmehr erfolgt die Volksvertretung durch Delegation («Abgeordnete») und ist ständisch organisiert, als politische Vertretung der bürgerlichen Gesellschaft in ihrer Interessenvielfalt und heterogenen Zusammensetzung. Für Hegel übt die untere Kammer eine vermittelnde Funktion aus («Mittelstellung») zwischen dem das Ganze des Staates repräsentierenden Souverän und den die partikularen Belange einzelner Berufsgruppen repräsentierenden Korporationen. In der Ausrichtung ihrer Mitwirkung an der Gesetzgebung auf das Allgemeinwohl ist die untere Kammer zugleich die verbindende Instanz («vermittelndes Organ») zwischen den ausführenden Organen des Staates («Regierung») und der breiten Bevölkerung («Volk»).

Statt also wie Montesquieu und, ihm folgend, die nordamerikanischen Gründungsväter die verschiedenen Gewalten getrennt zu halten und einander wechselseitig beschränken zu lassen (*checks and balances*), konzipiert Hegel das Zusammenspiel der Staatsgewalten und darüber hinaus den Zusammenhang des gesamten Staatswesens als lebendiges Ganzes von interagierenden Gliedern («Organismus»). Doch ist die organische Auffassung des Staates bei Hegel, anders als bei den zeitgenössischen politischen Romantikern, keine totalisierende Vision eines homogenen, vom Volk («Nation») getragenen Einheitsstaats. Das Volk ist bei Hegel nicht die je eigene Ethnie (griechisch *ethnos*), sondern das Staatsvolk (*demos*) in der Vielfältigkeit seiner sozioökonomischen Zusammensetzung.

Weitere wichtige Themen von Hegels Erörterung des Staatsrechts sind die grundsätzliche Öffentlichkeit politischer Prozesse, die Funktion einer kritischen Kommentierung der politischen Vorgänge («öffentliche Meinung») und das Ausmaß an uneingeschränkter Berichterstattung über politische Angelegenheiten («Freiheit der öffentlichen Mitteilung»). Ausführliche Überlegungen widmen die *Grundlinien* auch dem komplexen, wechselseitig förderlichen Verhältnis von Staat und Religion. Im Hinblick auf die zwischenstaatliche Ebene («äußeres Staatsrecht») behandeln die *Grundlinien*, in Absetzung von den zeitgenössischen Friedensphantasien («ewiger Friede»), die berechtigte, aber begrenzte Funktion kriegerischer Auseinandersetzung zwischen Staaten. Mit der abschließenden globalen Perspektive («Weltgeschichte») eröffnen die *Grundlinien* den Blick auf die historische Abfolge international wirksamer politischer Ordnungsmächte («Reiche»), die dann Gegenstand eigener ausführlicher Vorlesungen an der Berliner Universität sind.

6. Die späten Vorlesungen: Geist in Geschichte und Gegenwart

Zusätzlich zu den vier bisher behandelten Hauptschriften und einigen kleineren Publikationen, die hauptsächlich aus der Jenaer Zeit stammen, umfasst Hegels Werk auch zahlreiche Vorlesungen aus Jena, Heidelberg und Berlin zu einem ganzen Spektrum von philosophischen Disziplinen. Die Vorlesungen sind zum geringen Teil in Originalmanuskripten Hegels, in der Mehrzahl als Vorlesungsnachschriften von Zuhörern erhalten. Unter den vielen Vorlesungen Hegels nehmen die Berliner Vorlesungen, die im Wesentlichen auf die 1820er Jahre zurückgehen, eine Sonderstellung ein. Zum einen ergänzen sie thematisch die von Hegel selbst veröffentlichten Schriften um wichtige Teile seiner systematisch konzipierten Philosophie. Zum anderen bilden die Berliner Vorlesungen seit ihrer Erstedition unmittelbar nach Hegels Tod einen integralen Bestandteil seines Werkes.

Die vergleichsweise zugänglichere, für Hegelsche Verhältnisse geradezu populäre Darstellung in den Berliner Vorlesungen hat ein Übriges getan, dieses Korpus zum literarischen Vehikel der größeren Verbreitung von Hegels Denken im 19. und 20. Jahrhundert zu machen. Durch die publizierten Berliner Vorlesungen hat Hegel über die Fachphilosophie hinaus in ein breiteres Publikum von Intellektuellen, Schriftstellern, Künstlern und Musikern gewirkt. Das gilt beispielsweise für Richard Wagners Bekanntschaft mit Hegels Ästhetik oder für Friedrich Hebbels Vertrautheit mit Hegels Geschichtsphilosophie. Auch bei Rilke und T. S. Eliot, um zwei weitere Beispiele zu nennen, dürfte die Kenntnis Hegels auf die Vorlesungen, speziell die zur Ästhetik zurückgehen.

Allerdings wird die Authentizität der aus mehreren Einzelüberlieferungen jeweils ohne Nachweise kompilierten Berliner Vorlesungen von der Hegelphilologie eher kritisch gesehen. In der Forschung zur Philosophie Hegels treten an ihre Stelle zunehmend die erhaltenen, oft unvollständigen oder nur fragmentarischen Vorlesungsmanuskripte Hegels und die separaten Vorlesungsnachschriften einzelner Schreiber. Doch für die breitere Rezeption und Wirkung Hegels bleiben die kompilierten Berliner Vorlesungen weiterhin ein geeignetes, ja ideales Mittel, die Hauptschriften Hegels auf dem Stand seines reifen Denkens gezielt zu vervollständigen.

Systematisch gesehen handelt es sich bei den vier wirkmächtigen Berliner Vorlesungszyklen um Ausarbeitungen des abschließenden Teils der Philosophie des objektiven Geistes (Philosophie der Weltgeschichte) und der drei Teile der Philosophie des absoluten Geistes (Philosophie der Kunst, Philosophie der Religion, Geschichte der Philosophie). In allen vier Fällen sind es Disziplinen, die durch Hegel – teils schon in Jena, teils erst in Berlin – neu oder erstmalig erschlossen werden. Hegel selbst versteht die Berliner Vorlesungen in ihrer Gesamtheit als einen kompletten Zyklus und als sein Vermächtnis in Vorlesungsform.

In philosophischer Hinsicht eint die vier umfangreichen Vorlesungen die Verbindung von reallogischem Denken im Medium des Begriffs und geschichtlicher Entwicklung durch Raum und Zeit. Die Hauptthemen der vier Vorlesungen – Staat, Kunst, Religion und Philosophie – werden durchweg historisch behandelt. Doch fällt die geschichtliche Betrachtung der vier Themenkreise durchweg philosophisch aus. Es geht Hegel um die philosophisch signifikante Geschichte der (politischen) Welt, der Kunst, der Religion und der Philosophie selbst.

Die Verknüpfung von Philosophie und Geschichte in den Berliner Vorlesungen gründet in Hegels Begriff des Geistes, der logische Struktur mit Verwirklichung durch Entwicklung verbindet. In der Sphäre des objektiven und des absoluten Geistes ist die Dimension der Verwirklichung des Begriffs, Hegel zufolge, die Geschichte. Die so ins Zentrum der Berliner Vorlesungen gerückte Geschichte meint aber mehr als vergangene Zeit. Zum einen handelt es sich durchweg um von Menschen gestaltete Geschichte. Zum anderen besteht Geschichte wesentlich in Gedächtnis, Gedenken oder Andenken – in der erinnernden Vergegenwärtigung des Vergangenen. Hegel selbst bringt die erinnernde Geschichte in Verbindung mit Mnemosyne, der Göttin der Erinnerung aus der griechischen Mythologie. Sie ist die Mutter der neun Musen, der Schutzgöttinnen der Künste, zu denen auch die Kunst der Geschichtsschreibung mit ihrer Muse, Klio, gehört.

Die über bloße Zeitlichkeit hinausgehende geschichtliche Dimension des Geistes («Geschichtlichkeit») überträgt den generellen aufbewahrend-aufstufenden Entwicklungsgang des Geistes («Aufhebung») in die Sphäre der Kulturleistungen von menschlichen Gemeinschaften. In der philosophischen Bearbeitung solcher Geschichte gelangt deren akkumulierter Geist zum expliziten, begrifflich artikulierten Bewusstsein seiner selbst oder zum Selbstbewusstsein. Für Hegel hat die philosophische Geschichte des Geistes den Geist nicht nur zum äußeren Untersuchungsgegenstand, sondern der Geist selbst gelangt im Medium seiner geschichtlich vermittelten Selbsterkenntnis zu sich selbst. Den absoluten Geist, den Hegel mit der geschichtlichen Gesamtheit von Kunst, Religion und Wissenschaft (Philosophie) identifiziert, hat man sich also nicht vorzustellen als einen aller Geschichte enthobenen, außerzeitlich-ewigen Supergeist. Vielmehr ist es der Geist in seiner gesamten Geschichtlichkeit und geschichtlichen Gesamtheit, der in der Vollendung seiner Entwicklung ganz zu sich selbst kommt – erst als Kunst, dann als Religion und schließlich als Philosophie.

Für die Berliner Vorlesungen bringt die historische Dimension der Philosophie des absoluten Geistes die innige Verbindung von begrifflicher Entwicklung und realer Geschichte mit sich. Zum einen findet die logische Entwicklung der jeweiligen Grundbegriffe ihre Verwirklichung in einer diskreten Abfolge geschichtlicher Gestalten. Zum anderen werden die konkreten historischen Gestalten in ihrer inneren, begrifflichen Logik dargestellt. Die begriffene Geschichte soll in allen vier Fällen in einer den gesamten Entwicklungsgang abschließenden Gestalt kulminieren, die – aus Hegels Perspektive – in der eigenen Gegenwart lokalisiert ist.

Geschichte und Freiheit

Hegels Berliner Vorlesungen zur Philosophie der Weltgeschichte erwachsen aus dem Schlussteil seiner Rechtsphilosophie. In den Vortragsversionen wie auch in der Druckfassung in den *Grundlinien* mündet die rechtliche Erörterung zwischenstaatlicher Beziehungen («äußeres Staatsrecht») in eine globale staatspolitische Perspektive, die – in Aufnahme einer alttestamentlichen Vorstellung (Buch Daniel) und im Rückgriff auf deren spätere christliche Umdeutung – die historische Abfolge von «vier welthistorischen Reichen» vorsieht. Hegel nennt im Einzelnen das «orientalische Reich», das «griechische Reich», das «römische Reich» und das «germanische Reich».

Die Reihung markiert einen Gang der Geschichte, der sich geographisch von Osten nach Westen und chronologisch von der Antike über das Mittelalter bis zur Neuzeit erstreckt. Der Bogen, den Hegel spannt, reicht von der religiös begründeten und gearteten Herrschaft («Theokratie») im Vorderen und Mittleren Orient über die Vielzahl unabhängiger politischer Kulturen («Volksgeister») im klassischen Griechenland zur Reduktion der freien Individuen auf eine unpolitische Existenzform («Privatpersonen») im Römischen Reich und weiter zur Ausbildung des Zwiespalts zwischen real-weltlichem Diesseits und geistig-religiösem Jenseits («weltliches Reich», «intellektuelles Reich») im mittelalterlichen Europa. Für die eigene Gegenwart reklamiert Hegel dann noch – wie schon ganz zu Beginn der *Grundlinien*, in deren Vorrede – den vom modernen Staat geleisteten Ausgleich («Versöhnung») zwischen der Vernunft in ihrer Verwirklichung und der Wirklichkeit in ihrer Vernünftigkeit.

In den Berliner Vorlesungen über die Philosophie der Geschichte erweitert Hegel dann das welthistorische Schema aus seiner Rechtsphilosophie zu vier ausführlichen Teilen über den politisch-rechtlichen Kosmos («Welt») der jeweiligen Ära. Dabei expandiert er den ersten Teil («orientalische Welt») durch den Einbezug von China und Indien und durch die Differenzierung des Vorderen und Mittleren Orients («Persien») in die

Abfolge von Assyrern, Babyloniern, Medern und Persern. Das Perserreich behandelt Hegel dabei auch im Hinblick auf die von ihm eroberten Gebiete (Syrien, Judäa und Ägypten).

Die politisch-kulturelle Darstellung Griechenlands in den weltgeschichtlichen Vorlesungen («griechische Welt») widmet sich detailliert dem ästhetischen Grundzug des griechischen Menschenbilds («schöne Individualität»), das Hegel auch in der Gestaltung des staatlichen Lebens am Werk sieht («politisches Kunstwerk»). Die von Hegel im Einzelnen behandelten geschichtlichen Entwicklungen umfassen die Perserkriege, den kulturellen Gegensatz und die militärische Auseinandersetzung zwischen Athen und Sparta sowie das Ende der griechischen Freiheit («Untergang») durch die Reichsbildung unter Alexander dem Großen.

Bei der Darstellung der politischen Kultur der Römer («römische Welt») widmet sich Hegel in den Berliner Vorlesungen ausführlich der Funktion der Religion für die Gründung und Entwicklung des römischen Staatswesens. Am Sozialcharakter der Römer («römischer Geist») stellt er deren Nüchternheit und Strenge gegen sich und andere heraus («Starrheit») und betont den Gegensatz zur ästhetischen Lebensform der Griechen («äußerste Prosa des Geistes»). Roms Geschichte im engeren Sinne ist in den Vorlesungen zum einen um die Rivalität mit Karthago (Punische Kriege) zentriert, zum anderen um die Kaiserzeit samt der Christianisierung, dem Untergang Westroms in den Völkerwanderungen und der Fortdauer des römischen Reiches im Osten (Byzanz, später Konstantinopel).

Der umfangreiche Schlussteil der Vorlesungen zum nachantiken Europa («germanische Welt») umfasst im Ausgang vom Ende des weströmischen Reiches das Reich der Franken mit seinem Anspruch auf die römische Kaiserwürde und dessen doppelte Fortführung in der romanischen und germanischen Reichshälfte (Frankreich, deutsche Länder). Im Mittelpunkt steht die christliche Prägung des mittelalterlichen Europa («christlich-germanisch») und dessen Hauptmanifestationen in der Rivalität von Kaiser und Papst sowie in den Kreuzzügen nach Konstantinopel und Jerusalem.

Am Übergang zur Neuzeit («neue Zeit»), die er ebenfalls der «germanischen Welt» zurechnet, behandelt Hegel in den Vorlesungen das Wiederaufleben des antiken Erbes in Wissenschaften und Künsten (Humanismus, Renaissance), die großen maritimen Entdeckungen (Amerika, Seeweg nach Indien) und die Kirchenreformation mit ihren politischen Folgen. Enger an seine eigene Gegenwart führen abschließende detaillierte Ausführungen zur europäischen Aufklärung und zur Französischen Revolution samt der Herrschaft Napoleons und der nachnapoleonischen Neuordnung Europas.

Hegels welthistorischer Abriss vom Fernen und Mittleren Osten über das klassische Altertum und das europäische Mittelalter bis in die eigene Gegenwart ist bei aller Detailliertheit nicht das Werk eines Historikers. Weder betreibt Hegel selbst Quellenforschung noch verzeichnet er möglichst lückenlos geschichtliche Ereignisse und Abläufe. Vielmehr handelt es sich bei Hegels weltgeschichtlichen Vorlesungen um Geschichte aus zweiter Hand. Bereits von antiken wie modernen Autoren erschlossene und aufgearbeitete historische Gegenstände werden von Hegel im Rahmen seiner Philosophie des objektiven Geistes ausgewertet und einer Darstellung einverleibt, die ihre eigene spezifische Ausrichtung und Absicht hat. Im Verhältnis zu den geschichtlichen Quellen und den Werken früherer Historiker operiert Hegel mit den gestalterischen Mitteln der fokussierten Auswahl, der eigenen Akzentuierung und des gezielten Auslassens.

Das aus Hegels Vorlesungen entstehende Bild der Weltgeschichte ist geprägt von einer doppelten, letztlich aber identischen Sinnhaftigkeit und Bedeutsamkeit («Vernunft») der Geschichte: in Gestalt der (subjektiven) Vernunft, die von der Geschichtsphilosophie an die Geschichte herangetragen wird, und in Form der (objektiven) Vernunft, die der Geschichtsphilosophie aus der Geschichte entgegentritt. In Hegels makroskopischer Perspektive wird aus den Ruinen und dem Gemetzel, das die Weltgeschichte darbietet («Trümmermasse», «Schlachtbank»), eine Meistererzählung von Vernunft und Fortschritt, die ohne göttliche Fügung («Vorsehung») auskommt und deren

Beurteilung und Bewertung Hegel in die Geschichte selbst verlegt: «Die Weltgeschichte ist das Weltgericht.» Getragen wird der Gang der Geschichte von herausragenden Persönlichkeiten («welthistorische Individuen»), die für sich zu handeln meinen, dabei aber nur ihre zugewiesene Rolle im welthistorischen Drama spielen («List der Vernunft»).

Methodisch wie inhaltlich folgt Hegels philosophische Weltgeschichte in vielem den geschichtlich-politischen Meisterwerken von Montesquieu und Gibbon, mit denen er sich seit seiner Berner Zeit auseinandergesetzt hat. Vor allem Montesquieus Augenmerk auf die vielfältige Formenwelt staatlich-politischer Ordnungen verbunden mit einem fortlaufenden Fokus auf Freiheit findet sich wieder in Hegels Zuführung der Weltgeschichte auf politische Staatengeschichte («Staatsbildung»). In keinem Werk Hegels ist so oft von «Freiheit» und «frei» die Rede wie in den weltgeschichtlichen Vorlesungen (gut 660 Mal auf 549 Seiten in der Ausgabe bei Suhrkamp). Doch während Montesquieu sein weltgeschichtliches Panorama primär komparativ anlegt, ist Hegels Weltgeschichte linear und steigernd konzipiert.

Auch ist der zentral platzierte Freiheitsbegriff in Hegels weltgeschichtlichen Vorlesungen nicht, wie bei Montesquieu, primär rechtlich aufgefasst («persönliche Freiheit», «bürgerliche Freiheit», «politische Freiheit»), sondern sortiert nach geschichtlich-politischen Kulturen («griechische Freiheit», «deutsche Freiheit», «christliche Freiheit» «protestantische Freiheit») sowie nach philosophischen Gesichtspunkten («subjektive Freiheit», «objektive Freiheit», «abstrakte Freiheit», «individuelle Freiheit», «reelle Freiheit», «konkrete Freiheit», «absolute Freiheit»). Vor allem aber ist die philosophische Darstellung der Weltgeschichte in den späten Vorlesungen durchgehend ausgerichtet auf die innere Zusammengehörigkeit der beiden Grundbegriffe von Hegels philosophischem Denken: Geist und Freiheit.

Für Hegel unterliegt der Geist als das dynamische Gestaltungsprinzip von Wirklichkeit selbst der Entwicklung. Nach der formal-allgemeinen Phase seiner Entwicklung in der Logik und der gegenständlich-äußerlichen Phase seiner Entwicklung in der Philosophie der Natur behandelt die Philosophie des Geistes den Geist in seiner finalen Verwirklichung als Geist. Hegel zufolge ist es das allgemeine Wesen des Geistes, auch in der Beziehung auf anderes – auf andere Dinge, vor allem aber auf andere geistige Wesen –, die eigene Identität durch den Einbezug des anderen aufrechtzuerhalten («bei sich selbst sein im anderen»). So gesehen kommt der Geist auch und gerade in der Beziehung auf anderes als er selbst zu sich selbst.

Die in der Fremdbeziehung aufrechterhaltene oder durch deren Einbezug sogar noch gesteigerte Selbstbeziehung, die für den Geist insgesamt definitorisch ist, macht für Hegel die Freiheit des Geistes aus. Frei ist der Geist, insofern er von nichts ihm Äußerlichen beschränkt oder bestimmt wird. Für Hegel ist der Geist seinem Wesen nach («an sich») immer schon frei. Um aber auch zum Bewusstsein seiner Freiheit zu gelangen («für sich»), bedarf der Geist der Entwicklung durch eine Reihe zunehmend mit Elementen und Merkmalen von Bewusstsein und schließlich sogar von Selbstbewusstsein ausgestatteter Gestalten.

Auch die in der Sphäre des objektiven, gesellschaftlich verwirklichten Geistes zustande kommende Freiheit wird von Hegel als Beisichselbstsein verbunden mit dem Bewusstsein davon (Selbstbewusstsein) verstanden. Für Hegel verfügen nicht nur Individuen über Bewusstsein und Selbstbewusstsein, sondern auch soziale Formationen wie die Familie, die bürgerliche Gesellschaft und der Staat. Mehr noch: das individuelle Bewusstsein der Mitglieder einer solchen Gesellschaftsgruppe speist sich, Hegel zufolge, ganz wesentlich aus dem der Gruppe innewohnenden, «objektiven» Bewusstsein oder Geist; ganz so wie umgekehrt der jeweilige objektive Geist in den Individuen der Gruppe, die er animiert, zum Bewusstsein gelangt.

Für die Sphäre des in der Weltgeschichte objektivierten Geistes («Weltgeist») formuliert Hegel den generellen Entwicklungsgang als «Fortschritt im Bewusstsein der Freiheit». Die scheinbare Einschränkung der fortschreitenden Freiheit auf das Bewusstsein von ihr insinuiert nicht etwa Scheinfreiheit, so als nähme nicht die Freiheit selbst zu, sondern nur ein (womöglich trügerisches) Bewusstsein von ihr. Mit der modalen Spezifikation der Freiheit («im Bewusstsein») wird Hegel vielmehr dem Umstand gerecht, dass der objektive Geist seinem Wesen nach («an sich») immer schon frei («bei sich») ist, aber dass die ihn manifestierenden Individuen einstweilen noch und später dann immer weniger in Abhängigkeit von anderen stehen («unfrei»).

Den Gang des Geistes durch die Weltgeschichte und ihre Weltreiche legt Hegel dann, in politischer Perspektive, als stufenweise Ausdehnung der Freiheit aus. Am Anfang steht im Orient die Freiheit eines Einzigen, des Despoten. Es folgt die Freiheit einiger, der Freien, im klassischen Griechenland und im antiken Rom. Schließlich mündet die Weltgeschichte in die Freiheit vieler und so gut wie aller Menschen im nachantiken Europa, zumindest was die politischen Prinzipien (Freiheit verbunden mit Gleichheit) angeht. In ihrer welthistorischen Perspektive auf das fortschreitende Freiheitsbewusstsein verknüpfen Hegels Vorlesungen staatlich-politische mit kirchlich-religiösen und künstlerisch-kulturellen Analysen für jedes der vier Reiche und die in ihnen jeweils noch unterschiedenen Epochen («Perioden»).

Im Hinblick auf Griechenland betont Hegel zum einen die Herausbildung des den Geist und die Sinne harmonisch vereinigenden Individuums («freie Individualität», «schöne Individualität»), zum anderen aber auch die ethische Disziplinierung des Bürgers («sittliche Gesinnung») durch die politische Gemeinschaft («demokratischer Staat»). Für Hegel beinhaltet die Freiheit bei den Griechen noch nicht die Ausgestaltung eines inwendigen, persönlichen Gefühls- und Gedankenlebens («Innerlichkeit»), wie es sich, so Hegel, nur ausnahmsweise bei Sokrates mit der Entdeckung persönlicher Moralität («Gewissen») ankündigt. Ähnlich sieht Hegel in Rom auf der einen Seite die fortschrittliche Trennung des abstrakt-allgemeinen, institutionalisierten Rechts von Fragen der Handlungsmotivation und Charakterbeschaffenheit. Auf der anderen Seite bemerkt er aber auch die Entfremdung des in die Privatsphäre zurückgedrängten geistig-seelischen Lebens von der öffentlich-rechtlichen Existenzform als Bürger.

Am Mittelalter stellt Hegel den Dualismus von politischer Macht im Diesseits und religiöser Herrschaft im Jenseits heraus, verzeichnet aber auch die Inanspruchnahme einer politischen Rolle durch Kirche und Religion («Weltlichkeit»). Die neuzeitliche Freiheitsgeschichte wird für Hegel von der (lutherischen) Reformation und der (Französischen) Revolution markiert, die er beide in ihren langfristigen politischen Folgen in den Blick nimmt. Für Hegel erschließt das reformatorische Denken nicht nur das ganz eigene Innenleben des Geistes («Innigkeit»), sondern auch dessen von Zufälligkeiten gereinigte vernünftige Form («Allgemeinheit»). Subjektivität und Objektivität fallen so im zu sich selbst gekommenen Geist zusammen.

Politisch bewährt sich der zum Bewusstsein seiner Freiheit gelangte objektive Geist für Hegel im modernen Rechtsstaat («reelle Freiheit»), mit dem sich der Bürger, Hegel zufolge, persönlich zu identifizieren vermag («subjektive Freiheit»). Im kritischen Blick auf den Verlauf der Französischen Revolution (Tugenddiktatur, Schreckensherrschaft) diagnostiziert Hegel den zum Scheitern verurteilten Versuch, Recht und Politik zu revolutionieren, ohne vorher Moral und Religion reformiert zu haben («Revolution ohne Reformation»).

Kunst und Künste

Mit ihrer Verortung innerhalb der Philosophie des Rechts, deren Schlussteil sie sowohl in der *Enzyklopädie* als auch in den *Grundlinien* bildet, gehört die philosophische Weltgeschichte noch zu Hegels Philosophie des *objektiven* Geistes. Die drei weiteren großen und wirkungsmächtigen Vorlesungen aus Hegels Berliner Zeit – zu Kunst, Religion und Philosophiegeschichte – bilden dagegen zusammen das Gebiet des *absoluten* Geistes. In Hegels Systematik folgt der auf den Menschen als Einzelwesen ausgerichteten Philosophie des *subjektiven* Geistes zunächst die auf den Menschen als gesellschaftliches Wesen ausgerichtete Philosophie des objektiven Geistes. Die Philosophie des absoluten Geistes verbindet dann das individuelle Denken und Wollen des subjektiven Geistes, einschließlich des Selbstbewusstseins

(«Subjektivität»), mit der gesellschaftlichen Eingebundenheit des objektiven Geistes («Sittlichkeit»).

Als absoluter Geist gilt Hegel der Geist, der sich in gesellschaftlich geprägten, aber individuell vollzogenen Kulturleistungen manifestiert. In den Hervorbringungen von Kunst, Religion und Wissenschaft liegt der Geist, Hegel zufolge, nicht mehr einfach gegenständlich vor, sondern erfasst sich selbst als Geist. Formal gesehen ist der absolute Geist so das Subjektivwerden des objektiven Geistes, der dadurch zum Bewusstsein seiner selbst gelangt. Die doppelte Genese des absoluten Geistes in Kunst, Religion und Philosophie («Wissenschaft») aus dem subjektiven, persönlichen Geist wie aus dem objektiven, gesellschaftlichen Geist bedingt die Doppelnatur des absoluten Geistes selbst. Zum einen entwickelt sich der absolute Geist, ganz wie der weltgeschichtlich wirksame objektive Geist («Weltgeist»), im Laufe der Geschichte – als Steigerungsfolge von zunehmend adäquateren Ausgestaltungen seiner selbst. Zum anderen sind die historischen Gestaltungen des absoluten Geistes an die spezifische Subjektivität jeder der drei Grundgestalten des absoluten Geistes gebunden: an die (sinnliche) Anschauung bei der Kunst, an die (bildliche) Vorstellung bei der Religion und an das (spekulative) Denken bei der Philosophie.

Den absoluten Geist diesseits seiner Teilung in Kunst, Religion und Philosophie versteht Hegel auch als unendlichen Geist, dem gegenüber es nichts von ihm Verschiedenes («Anderes») gibt, das ihn beschränken würde. Wenn der Geist für Hegel ganz generell in der Fähigkeit besteht, alles andere («Endlichkeit und Schranke») sozusagen abzuarbeiten und sich einzuverleiben («Idealität und Negativität»), dann hat der Geist in seiner abschließenden Gestalt («absoluter Geist») diese Befähigung völlig verwirklicht. Der absolute Geist ist so ganz bei sich («frei») – in seinem Sein («Substantialität») wie in seinem Selbstbewusstsein («Subjektivität»), die nun auch ganz zusammenfallen.

In Anbetracht der Unendlichkeit des absoluten Geistes identifiziert Hegel dessen gesamte Sphäre gelegentlich mit der Religion. Die Kunst wird in dieser Perspektive zu einer Form von

Religion («Religion der Kunst»). Die Philosophie wird der Religion zugerechnet, insofern beide den gleichen «unendlichen» Gegenstand haben. Der religiöse Charakter des absoluten Geistes wird auch dadurch betont, dass Hegel ihn ausgibt als gemeinschaftlich verfasst und von einer Gemeinschaft verwirklicht («Geist in seiner Gemeinde»).

Doch jenseits der generischen Identität des absoluten Geistes als Religion behandelt Hegel die Kunst, die Religion und die Philosophie (Philosophiegeschichte) in eigenen umfangreichen Vorlesungen. Speziell die Vorlesungen über die Ästhetik hält er zunächst zweimal in Heidelberg und dann viermal in Berlin. Die beiden Manuskripte («Hefte»), nach denen Hegel damals die Ästhetik-Vorlesung hält, sind inzwischen ebenso verschollen wie die zugehörigen Materialsammlungen für den Ausbau der Vorlesung («Kollektaneen»). Diese Texte sind aber noch in die Edition der Berliner Vorlesungen gleich nach Hegels Tod eingegangen, zusammen mit verschiedenen Vorlesungsnachschriften von fremder Hand. Einzelne der zwölf heute noch erhaltenen Nachschriften (allesamt aus der Berliner Zeit) liegen zwar seit kurzem separat publiziert vor, bleiben aber nach Umfang und Anspruch hinter der Version der alten Vorlesungsedition zurück, die deshalb weiterhin als Haupttext zu Hegels Ästhetik gelten kann.

Hegels Integration der Kunst in die Sphäre des absoluten Geistes ist vorbereitet durch den Aufstieg der Ästhetik zu einer eigenen philosophischen Disziplin im Verlauf des 18. Jahrhunderts. Doch bleibt die Ästhetik bei Kant (*Kritik der Urteilskraft*, 1790) noch am Schönen in der Natur («Naturschönes») ausgerichtet und auf gefühlsgestützte Beurteilung («Geschmack») beschränkt. Schelling (*Philosophie der Kunst*, vorgetragen 1802–05, erst 1859 publiziert) bringt die Kunst dann in unmittelbare Nähe zum Unbedingten und Unendlichen («Absolutes»). Hegels Ästhetik ist originell in ihrer begrifflich genauen Verhältnisbestimmung («Stellung») der Kunst gegenüber Religion und Philosophie bei gleichzeitiger Ausweisung der spezifischen religiösen wie philosophischen Dignität («Würde») der Kunst selbst.

Hegel konzipiert seine Ästhetik als Philosophie des Kunstschönen. Sie beschäftigt sich nur indirekt und am Rande mit dem Schönen in der Natur, und sie bindet die Kunst primär an das Schöne und nur nebenher an alternative ästhetische Kategorien wie das Erhabene oder das Komische. Auch handelt Hegels Ästhetik in erster Linie von der (schönen) Kunst im Singular und nur anschließend von den unterschiedlichen (schönen) Künsten. Als Philosophie – genauer: Philosophie des absoluten Geistes – verknüpft Hegels Ästhetik zudem die begriffliche Bestimmung des Kunstschönen mit dessen philosophisch konstruierter historischer Entwicklung.

Schließlich verbindet Hegel die philosophische Geschichte der Kunst als solcher («absolute Kunst») mit ihrer begrifflich begründeten Auffächerung in plurale Künste, die nach ihren Medien differenziert werden. Im Rückgriff auf logische Kategorien formuliert, gliedert sich Hegels Ästhetik so in einen ersten Teil zum *allgemeinen* Begriff des Kunstschönen, einen zweiten Teil zu den *besonderen* welthistorischen Gestaltungsformen des Kunstschönen und einen dritten Teil zu den *einzelnen* schönen Künsten. Durch die Vorlesungen verstreut, aber besonders im letzten Teil konzentriert, finden sich zudem zahlreiche illustrierende Beispiele von Kunstwerken, die meisten davon Hegel aus extensiver eigener Anschauung, Erfahrung oder Lektüre vertraut.

Der Grundzug von Hegels Ästhetik, der das Werk auf allen Ebenen durchwaltet, ist das geistige Wesen («Geistigkeit») der Kunst nach ihrem singulären Begriff («Kunstschönes»), nach dessen drei besonderen Modi («Kunstformen») wie nach dessen fünf Medien («schöne Künste»: Architektur, Skulptur, Malerei, Musik, Dichtung). Zwar teilt Hegels Ästhetik mit früheren philosophischen Versuchen über Kunst und Schönheit den essentiellen Bezug ästhetischer Phänomene auf die Sinne («Sinnlichkeit»). Doch steht die sinnliche Dimension bei Hegel immer im Dienst der primär geistigen Prägung und Funktion von Kunst, Künsten und Kunstwerken. Im Hinblick auf sinnliche Beschaffenheiten insistiert Hegels Ästhetik auf deren Vergeistigung, so wie sie umgekehrt die Versinnlichung des Geistes durch Kunst, Künste und Kunstwerke herausstellt.

Das Verhältnis von Geistigem und Sinnlichem auf dem Gebiet der Ästhetik versteht Hegel als Zusammenspiel von innerem, geistigen Gehalt («Bedeutung») und äußerer, verliehener Form («Gestalt»). Das ästhetische Ausdrucksverhältnis besteht also nicht statisch zwischen zwei zusammenpassenden Hälften. Vielmehr ist die ästhetische Gestalt eigens vom künstlerischen Geist geformt. Auch unterliegen die innere Sinngebung («Bedeutung») wie die äußere Formgebung («Gestalt») im Ästhetischen vielfachen Differenzierungen im Hinblick auf das Geistige, das zum Ausdruck gelangen soll («Begriff»), wie hinsichtlich des Sinnlichen, mittels dessen der Ausdruck erfolgen soll. Vor allem aber variiert, Hegel zufolge, das Verhältnis selbst, in dem Geistiges und Sinnliches in der Kunst zueinander stehen. Für Hegel unterliegt das generelle Ausdrucksverhältnis zwischen Geistigem und Sinnlichem einer Entwicklung, die real-geschichtlich erfolgt, dabei aber einen logisch-begrifflichen Charakter trägt.

Im Einzelnen unterscheidet Hegels Ästhetik drei Stadien im künstlerischen Verhältnis von Innerlich-Geistigem und Äußerlich-Sinnlichem («Kunstformen»). In der ersten, «symbolischen» Kunstform ist das Verhältnis zwischen den beiden noch nicht zur adäquaten Entsprechung («Angemessenheit») gelangt. Die sinnliche Gestaltung entspricht nicht ganz dem geistigen Gehalt («Mangel»). Die Beziehung ist nicht innerlich-wesensgleich, sondern äußerlich-zeichenhaft («symbolisch»). Erst bei der zweiten Kunstform («klassisch») ist für Hegel das ästhetische Ausdrucksverhältnis vollkommen angemessen. Sinngehalt und Formgebung stimmen nun völlig überein.

Die dritte Kunstform («romantisch») schließlich hat den Zenit des perfekten Ausgleichs zwischen geistigem Gehalt und sinnlicher Gestalt überschritten. Wie zu Anfang, bei der symbolischen Kunstform, sind Geistigkeit und Sinnlichkeit einander nicht völlig angemessen. Während es aber bei der symbolischen Kunstform die nicht gänzlich ausgebildete Geistigkeit war, die zur Unangemessenheit führt, liegt die fehlende Adäquatheit bei der romantischen Kunstform an deren hochgradig differenzierter Geistigkeit, die keinen angemessenen äußeren Ausdruck findet.

In weltgeschichtlicher Perspektive identifiziert Hegel die symbolische Kunstform mit der Kunst des Nahen, Mittleren und Fernen Ostens, mit einem besonderen Schwerpunkt auf der ägyptischen Kunst, die damals gerade durch Napoleons Ägyptenfeldzug, verbunden mit der Verbringung ägyptischer Antiquitäten nach Paris (Louvre), ins öffentliche Interesse rückt. Zur Kunst in symbolischer Form rechnet Hegel aber auch Kunstgattungen, besonders literarische Formen, die sich bis in die Gegenwart erhalten haben und die ihm aus der Zeit gefallen erscheinen (Epigramm, etc.). Doch versteht Hegel seine prinzipielle Kritik an der symbolischen Kunstform nicht als ästhetisches Urteil über deren künstlerischen Wert, sondern als philosophische Einschätzung ihrer gedanklichen Leistungsfähigkeit als Manifestation des absoluten Geistes.

Die klassische Kunstform macht Hegel an der Kunst des klassischen Altertums, insbesondere an der griechischen Kunst, fest. Die hier vorliegende Angemessenheit von geistigem Gehalt und sinnlich geformter Gestalt bezieht Hegel ganz spezifisch auf die Bedeutung des menschlichen Körpers («menschliche Gestalt») in der griechischen Kultur. Die generelle geistige Prägung des Menschen («menschlicher Geist») findet ihre angemessene gegenständliche Wiedergabe in der Form des menschlichen Leibes, der deshalb als verwirklichter Geist anzusehen ist («konkretes Geistiges»). Im Einzelnen unterscheidet Hegels Ästhetik drei Arten von Kunstwerk bei den Griechen: den athletischen Körperkult («subjektives Kunstwerk»), die freistehende Körperskulptur («objektives Kunstwerk») und den freien Staatskörper («politisches Kunstwerk»).

Doch anders als viele seiner Zeitgenossen, die im Bann von Gräkomanie und Philhellenismus stehen, sieht Hegel auch in der klassischen Kunstform und in der griechischen Kultur insgesamt etwas durchaus Begrenztes und insgesamt Vergangenes. Der ästhetische Mangel der klassischen Kunstform liegt für ihn in der Unverhältnismäßigkeit zwischen der perfekten, schönen Gestaltung und deren weit weniger entwickelter geistiger Grundlage. Der griechische Geist ist für Hegel noch nicht zur Tiefe und Fülle des Bewusstseins seiner selbst («selbstbewusste

Innerlichkeit») durchgedrungen. Erst in der durch die Kultur des Christentums geprägten Welt von Mittelalter und Neuzeit sieht Hegel den Geist ganz zu sich selbst gekommen («unendliche Subjektivität») und auch so zur künstlerischen Gestaltung gebracht («romantische Kunst»).

In die romantische Kunstform schließt Hegel auch die Kunst seiner eigenen Zeit ein, darunter insbesondere die romantische Literatur, an der er aber auch die Unzulänglichkeiten der romantischen Kunst verdeutlicht. Mit der Vertiefung und Verinnerlichung des Geistes in der neueren Zeit wird es, Hegel zufolge, zunehmend schwieriger, für die moderne Geistigkeit eine angemessene äußere Gestalt zu finden. Das erklärt für Hegel die Tendenz der romantischen Kunst zum Rückzug in ein inneres, imaginäres Reich («absolute Subjektivität») und auf das selbstbezogene Spiel des romantischen Geistes für sich selbst («ironisches Subjekt»).

Für Hegel zeichnet sich damit ab, dass die Kunst ihr weltgeschichtliches Potential, einen eigenen, spezifisch ästhetischen Beitrag zur Verwirklichung des Geistes zu leisten, inzwischen erschöpft hat («Beschränktheit der Kunstsphäre»). Hegel bezweifelt durchaus nicht das faktische Fortbestehen der (schönen) Kunst und der (schönen) Künste in Gegenwart und Zukunft. Er leugnet auch nicht die fortgesetzte Hervorbringung von Kunstwerken in den verschiedenen Künsten. Doch es steht für ihn fest, dass die Kunst mit ihren diversen Künsten und deren vielen Kunstwerken im Leben der modernen Menschen keine vergleichbar substantielle Bedeutung mehr spielt und spielen wird wie in früheren Zeiten, in denen die geistig geprägte Kunst immer eng mit der Religion verbunden war. Nach der von Hegel diagnostizierten Trennung des künstlerischen Geistes vom religiösen Geist ist es nunmehr die Religion in ihrer fortentwickelten Gestalt als moderne Religion, die die vormalige geistige Funktion der Kunst in veränderter Form übernimmt («Fortschritt von der Kunst zur Religion»).

Religion und Philosophie

Im Zyklus der Berliner Vorlesungen folgt auf die Abhandlung der Ästhetik die Bearbeitung der Religionsphilosophie. Anders als im Fall der Ästhetik, über die Hegel schon in Heidelberg liest, ist die Religionsphilosophie ein Projekt, das Hegel erst zu Beginn seiner Berliner Zeit in Angriff nimmt und dort über ein knappes Jahrzehnt weiterentwickelt. Die Vorlesung über Religionsphilosophie hält Hegel insgesamt viermal. Die erhaltenen Dokumente – Hegels Manuskript zur allerersten Vorlesung (1821) und eine Reihe von Nachschriften aus späteren Jahren – lassen erkennen, dass die Vorlesung im Laufe der Jahre einige strukturelle Umdisposition und substanzielle materiale Anreicherung erfahren hat. Die unmittelbar nach Hegels Tod zusammengestellte Edition, die weiterhin benutzt wird, dürfte zwar keine jemals in dieser Gestalt gehaltene Vorlesung repräsentieren. Doch gibt sie ein ziemlich gutes Bild vom zuletzt erreichten Stand von Hegels Religionsphilosophie, was die systematische Konzeption wie die materialreiche Ausführung angeht.

Hegel beschäftigt sich seit seiner Tübinger Studienzeit mit Fragen und Problemen der Religion, zunächst in philosophisch-theologischer Perspektive, später dann – in Bern und Frankfurt – auch aus gesellschaftlich-politischer Sicht. In Jena wird die Religion integraler Bestandteil der sich entwickelnden Philosophie des Geistes. In der *Phänomenologie* figuriert die Religion ganz am Ende des Werkes nach dem Kapitel über den (objektiven) Geist und vor dem Schlusskapitel über das absolute Wissen. Die Heidelberger *Enzyklopädie* weist dann die Religion, unter Einschluss der Kunst («Religion der Kunst») und zusammen mit der Philosophie, dem absoluten Geist zu. Auch die beiden Berliner Fassungen der *Enzyklopädie* folgen der neuen Disposition.

Die Berliner Vorlesungen schließen an diese Entwicklung an und behandeln die Philosophie der Religion als den zentralen Bestandteil der Philosophie des absoluten Geistes. Für Hegel übertrifft die spezifische Gestalt des Geistes («Geistigkeit»), wie sie in der Religion vorliegt, die geistige Leistung der Kunst an innerer Erschließungskraft und äußerer Wirksamkeit. Innerhalb der Philosophie des absoluten Geistes beerbt die Religion die an ihr substantielles Ende gelangte Kunst. Doch auch die Religion unterliegt der Entwicklung und gelangt endlich ihrerseits an eine Grenze, die den Übergang der Religion in die Philosophie markiert.

Der Terminus wie die Konzeption einer «Philosophie der Religion» stellen eine wissenschaftsgeschichtliche Novität dar. Vor Hegel gibt es keine eigene philosophische Disziplin zur Religion. Hegel ersetzt mit seiner Philosophie der Religion das traditionelle Unternehmen der philosophischen Gotteslehre («rationale Theologie»). Zwar handelt auch Hegels Religionsphilosophie vom göttlichen Wesen. Doch tut sie dies nicht auf direkte Weise, als Philosophie über den Sondergegenstand Gott, etwa in Gestalt von formalen Beweisen über die Existenz und das Wesen Gottes («Gottesbeweise»). Vielmehr erörtert Hegel theologische Themen im Rahmen der Rekonstruktion einer umfassenden Geisteshaltung, der Religion, in der das Göttliche eingebunden ist in Glaubenslehren und kultische Praktiken. Auch mit der Verwendung der Pluralform «Religionen» («verschiedene Religionen») betritt Hegel sprachlich wie gedanklich Neuland. Der Unterscheidung von Kunst und Künsten in der Ästhetik entspricht in der Religionsphilosophie die Differenzierung zwischen dem singularen Begriff der Religion und den pluralen konkreten Religionen.

Die Analogie zu den Vorlesungen über Ästhetik erstreckt sich auch auf die Struktur von Hegels Vorlesungen über die Philosophie der Religion. Die Religionsphilosophie ist gegliedert in einen begrifflich-allgemeinen Teil und einen historisch-besonderen Teil. Doch anders als im Fall der Ästhetik, die zwischen dem Begriff des Kunstschönen und dem System der (schönen) Künste noch die drei Grundtypen der Kunst (symbolisch, klassisch, romantisch) abhandelt, integriert Hegel bei der Religionsphilosophie die Vielfalt der Religionen in eine historisch-geographisch aufgefächerte Typologie der Religionen.

Formal hält Hegel aber an der von seiner Systemlogik nahegelegten Dreiteilung der Religionsphilosophie fest, indem er im Anschluss an den Teil zum Begriff der Religion zuerst den allgemein verbreiteten Typus der «bestimmten Religion» und erst anschließend den besonderen Typus der «vollendeten Religion» erörtert. Mit «bestimmter» oder auch «endlicher Religion» kennzeichnet Hegel die grundsätzliche Begrenztheit von Religionen, die menschlichen und göttlichen Geist noch getrennt halten. Das Göttliche ist hier ein begrenzter und insofern endlicher («bestimmter») Gegenstand religiöser Einstellungen und Praktiken. Dagegen ist die «vollendete» oder «unendliche Religion» zu der Einsicht durchgedrungen, dass göttlicher und menschlicher Geist zusammenfallen: Gott oder das Göttliche erscheint nicht bloß für den menschlichen Geist, sondern Gott oder das Göttliche erscheint als Geist im Menschen.

Zusätzlich zur Ästhetik besteht für Hegels Religionsphilosophie aber auch eine enge Analogie zur Geschichtsphilosophie. Wie in der Philosophie der Weltgeschichte geht es in der globalen Geschichte der Religionen darum, Formen von Vernünftigkeit in und hinter den geschichtlichen religiösen Phänomenen auszumachen und herauszustellen. Anders als die radikal aufklärerische Religionskritik, die in den Religionen vor allem Aberglauben und Priesterbetrug am Werk sieht, erkunden Hegels Vorlesungen die Vernunft in der Religion. Zu diesem Zweck vernachlässigen die Vorlesungen prinzipiell abstoßende Extremformen von religiösem Glauben und religiöser Praxis wie Menschenopfer und Hexenprozesse zugunsten der fortschrittlichen Elemente, die in den einzelnen philosophisch dargestellten Religionen auszumachen sind.

Allerdings erweist sich für Hegel bei der vernünftigen Rekonstruktion einer einzelnen «besonderen» Religion immer auch deren begriffliche Begrenzung und historische Überholtheit. Dies gilt sogar für die «vollendete» Religion, die nur innerhalb der Sphäre der Religion Perfektion beanspruchen kann, aber generell gesehen hinter der geistigen Erschließungskraft der Philosophie zurückbleibt. Für Hegel vermag erst die Philosophie in ihrer begrifflichen wie geschichtlichen Dimension, dem Wesen des Geistes voll gerecht zu werden. Den Geist in der allgemeinsten Bedeutung, insbesondere aber den ganz zu sich gekommenen, «absoluten» Geist versteht Hegel auch im Horizont der

Religionsphilosophie als das innere logische Wesen («Begriff») samt seiner Verwirklichung in Geschichte und Gegenwart und als Zusammenführung von Selbstbewusstsein («Subjektivität») und Gegenständlichkeit («Substantialität»). Der Geist ist, so Hegel, wesensmäßig bei sich und für sich – und dies auch, wo er sich in oder gegenüber etwas Anderem findet.

Das zutiefst selbstbezogene, dabei alles einbeziehende Wesen des (absoluten) Geistes stellt sich nun, Hegel zufolge, in der Sphäre der Religion auf eine ganz spezifische Weise dar. Es ist dies die (bildliche) «Vorstellung» im Unterschied zur (sinnlichen) «Anschauung» in der Kunst und zum (begrifflichen) «Denken» in der Philosophie. Religiös gesehen ist der Geist, so Hegel, dann ganz zu sich selbst gekommen, wenn – bildlich vorgestellt – Gott nicht nur dem Menschen als Gott erscheint, sondern wenn Gott selbst als Mensch erscheint; wenn das Göttliche als ebenso vermenschlicht wie das Menschliche als vergöttlicht erfasst wird.

Auf der Grundlage der damit gegebenen begrifflichen Bestimmung der Religion als solcher verfolgen Hegels Vorlesungen die geschichtliche Entwicklung der Religion zu dem Vollbegriff ihres Wesens («Gang der wahrhaften Religion»). Durchweg verfährt Hegel dabei so, dass er jeweils einen begrifflich definierten Typus von Religion einführt, den er erst nachträglich und beinahe nebenbei mit einem spezifischen Kulturkreis identifiziert. Im Vordergrund der Darstellung steht so der jeweilige Entwicklungstypus von Religion und nicht dessen geschichtliche Gestalt in Raum und Zeit. Der Entwicklungsgang des sich verwirklichenden Begriffs der Religion fällt so für Hegel mit einem langfristigen, Jahrtausende währenden Kulturprozess geistiger Selbstbildung («Arbeit des Geistes») zusammen.

Die philosophische Religionsgeschichte beginnt in Hegels Vorlesungen unter dem Generaltitel «bestimmte Religion» mit der «Naturreligion», zu der zunächst magische Praktiken («Zauberei») zählen, gefolgt von drei historisch identifizierten Religionstypen: der «Religion des Maßes» («chinesische Religion»), der «Religion der Phantasie» («indische Religion») und der «Religion des Insichseins» («Buddhismus»). Es folgen, als

Übergang von der Naturreligion zur «Religion der Freiheit», drei weitere historisch identifizierte Religionstypen: die «Religion des Lichtes» («Parsismus»), die «Religion des Schmerzes» («syrische Religion») und die «Religion des Rätsels» («ägyptische Religion»). Der auf den Grundtypus der Naturreligion folgende Grundtypus der «Religion der geistigen Individualität» oder der «Religion der Freiheit» umfasst dann wieder drei historisch identifizierte Religionstypen: die «Religion der Erhabenheit» («jüdische Religion»), die «Religion der Schönheit» («griechische Religion») und die «Religion der Zweckmäßigkeit» («römische Religion»).

Nach der Zweigliederung der «bestimmten Religion» (oder «endlichen Religion») in die «Naturreligion» und die «Religion der Freiheit» (oder die «Religion der geistigen Individualität») umfasst die «absolute Religion» (oder die «unendliche Religion») nur einen, in der Gesamtzählung dritten Grundtypus von Religion: die «Religion der Wahrheit und Freiheit», die Hegel mit der «christlichen Religion», speziell mit dem Protestantismus und noch genauer mit dem Lutheranismus identifiziert. So ergibt sich eine Dreiteilung der Formen von Religion insgesamt nach den phänomenologisch inspirierten Stufen von Bewusstsein («Naturreligion»), Selbstbewusstsein («geistige endliche Religion») und Freiheitsbewusstsein («geistige unendliche Religion»).

Die abschließende Dreiteilung der absolut-vollkommenen Religion in ihren Begriff («Idee an und für sich»), ihre äußere Existenz («Differenz») und ihre Reintegration («Gemeinde») ordnet Hegel den unterschiedlichen Personen der christlichen Dreifaltigkeit zu («Reich des Vaters», «Reich des Sohnes», «Reich des Geistes»). Von besonderer Bedeutung ist dabei die Auffassung der Gemeinde der Gläubigen («geistige Gemeinde») als allumfassender Gemeinschaft («allgemeine Gemeinde»). Hegels Überlegungen zum «Geist in der Gemeinde» schließen zum einen an die Ausführungen zur praktisch-sozialen Dimension von Religion («Kultus») an, die Hegel für jeden der von ihm unterschiedenen Typen von Religion anstellt. Zum anderen bereitet das gänzliche Aufgehen des Göttlichen in der vergeistigten Gemeinde («Kultus in der Gemeinde») den Übergang von der bildbehafteten Religion zur begriffsbasierten Philosophie vor.

Neben der spekulativen Zusammenführung von begrifflicher Religionstypologie und philosophischer Religionsgeschichte enthalten Hegels Vorlesungen über die Religionsphilosophie, vor allem im ersten, allgemeinen Teil, noch eine polemische Auseinandersetzung mit konkurrierenden Ansätzen in der Religionsphilosophie, insbesondere der romantischen Auffassung der Religion als Gefühl (Schleiermacher) und der aufklärungskritischen Einschätzung des religiösen Glaubens als fundamental irrational (Jacobi). Durchweg betont Hegel in seiner Religionsphilosophie den kritischen, aufklärerischen und vernünftigen Grundcharakter der Religion. Als geschichtliche Entfaltung der Gottesidee («Geschichte des Inhalts Gottes») ist die philosophische Geschichte der Religion zugleich eine Geschichtsphilosophie der Religion («Geschichte der Menschheit»).

Für die fortgesetzte Rolle der Religion jenseits ihrer begrifflichen und historischen Vollendungsgestalt im zeitgenössischen Protestantismus finden sich in den Vorlesungen über die Philosophie der Religion einige wichtige Aufschlüsse in Hegels Überlegungen zum Verhältnis von Staat und Religion. Das Thema verhandelt Hegel aus historischer Perspektive bereits in den weltgeschichtlichen Vorlesungen. Auch in den *Grundlinien* und in der *Enzyklopädie* ist das Verhältnis erörtert, dort aber vom Standpunkt der Rechtsphilosophie aus sowie im Hinblick auf die ambivalente Zugehörigkeit des Themas zur Philosophie des objektiven Geistes, die vom Staat handelt, und zur Philosophie des absoluten Geistes, zu dem die Religion gehört.

In den religionsphilosophischen Vorlesungen betont Hegel zum einen die essentielle Funktion der Religion für den Staat («Grundlage»). Der Staat in seiner Substantialität («Sittlichkeit») kann deshalb auf die Religion nicht verzichten. Zum anderen kann aber auch die Religion selbst staatliche Funktionen übernehmen («Weltlichkeit») und den Staat dominieren («Hierarchie»). Generell macht Hegel geltend, dass die Entwicklung von Staat und Religion zusammengeht. Insbesondere stellt Hegel heraus, dass es ein und derselbe Begriff von Freiheit ist, der politischer wie religiöser Entwicklung zugrunde liegt. Statt politische und religiöse Freiheit zu trennen, als Teilhabe an staatlicher Herrschaft und als religiöse Unabhängigkeit, führt Hegel die Freiheit in beiden Bereichen auf die Freiheit des Geistes zurück, für sich und bei sich zu sein, und dies auch im anderen.

Für Hegel ist solche geistige Freiheit in der Moderne gleich zweifach erzielt: im modernen Staat mit seiner Unterscheidung ebenso wie Vereinigung der bürgerlichen Gesellschaft in ihrer Individualität und des politischen Staates in seiner Allgemeinheit; und in der modernen Religion mit ihrer Verbindung des Gewissens in seiner Individualität und der Gemeinde in ihrer Allgemeinheit. Überdies bindet Hegel die politische und die religiöse Form der Freiheit eng aneinander, indem er die geistige Gemeinschaftlichkeit der Religion («Kultus») in die Sittlichkeit der staatlichen Gemeinschaft («Sitte») münden lässt. In der Perspektive der Philosophie des Geistes haben so der moderne, freie Staat und die moderne, freie Religion denselben Inhalt bei unterschiedlicher äußerer Form («an und für sich identisch»). Doch müssen sich beide geistigen Mächte sodann bewähren gegenüber dem Potential der Philosophie, die fällige Vereinbarung von Individualität und Allgemeinheit («Versöhnung») mit begrifflichen Mitteln zu leisten.

Philosophie und Philosophiegeschichte

Nach den Vorlesungen zur Kunst und zur Religion behandelt der letzte Teil von Hegels Berliner Vorlesungszyklus die Philosophie selbst. Doch anders als im Fall der Ästhetik und der Religionsphilosophie, die ihren Gegenstand – die Kunst und die Religion – zuerst systematisch-allgemein und dann geschichtlich-konkret behandeln, sind die Philosophie-Vorlesungen primär geschichtlich angelegt. Der vorangestellte allgemeine Teil handelt nicht von der Philosophie als solcher («Begriff») sondern von der Methodologie der Philosophiegeschichte und von den Formen der Philosophiegeschichtsschreibung.

Doch lässt Hegel keinen Zweifel daran, dass er die Philosophiegeschichte für einen integralen Bestandteil der Philosophie selbst hält. Für Hegel leistet die philosophisch betriebene Philosophiehistorie eine wichtige Selbstverständigung über Ursprung, Entwicklung und Ziel der Philosophie. Mehr noch: der Gegenstand der philosophischen Historiographie – der geschichtliche Gang der Philosophie – erweist sich, in Analogie zur Geschichte der Kunst und zur Geschichte der Religion, als Entfaltungsprozess des (absoluten) Geistes, der sich nunmehr in der Form des begrifflichen Denkens vollzieht. Im Verlauf der Geschichte der Philosophie kommt der auf den Begriff gebrachte absolute Geist zunehmend zu sich selbst, um am Schluss ein vollständiges Bewusstsein seiner selbst als absolut-begrifflicher Geist zu erzielen.

Hegel hält zum ersten Mal in Jena eine Vorlesung über die Geschichte der Philosophie, dann zweimal in Heidelberg und schließlich viermal in Berlin. Hegels Manuskripte zu diesen Vorlesungen sind aber ebenso wenig erhalten wie Nachschriften der Jenaer und Heidelberger Vorlesungen. Nur die Berliner Vorlesungen sind durch Nachschriften gut belegt. Die umfangreichste Version der geschichtsphilosophischen Vorlesungen bietet immer noch die unmittelbar nach Hegels Tod erschienene Ausgabe, für deren Erstellung damals noch auf Hegels originale Unterlagen sowie diverse Nachschriften zurückgegriffen werden konnte.

Inspiriert vom philosophischen Programm der geschichtsphilosophischen Vorlesungen («Vernunft in der Geschichte») zielen die philosophiegeschichtlichen Vorlesungen darauf ab, die Vernunft in der Philosophiegeschichte aufzufinden und darzustellen. Dieser Aufgabe kommen die Vorlesungen auf zwei Ebenen nach. Auf der Makroebene verzeichnen sie den Gang der Vernunftgeschichte der Philosophie in der raumzeitlichen Abfolge von Schulen und Epochen sowie im Fokus auf herausragende philosophische Köpfe. Auf der Mikroebene rekonstruieren sie im Detail die konzeptuellen und argumentativen Einzelleistungen, aus denen sich, kumulativ und steigernd, die Fortschrittsgeschichte der philosophischen Vernunft zusammensetzt.

Mit ihrer engen Zusammenführung von Vernunft und Geschichte bekräftigen Hegels philosophiegeschichtliche Vorlesungen zum einen die Geschichtlichkeit des Geistes, einschließlich des absoluten Geistes. Erst im Medium seiner geschichtlichen Entfaltung kommt der Geist zum Bewusstsein seiner selbst – als objektiver Geist in Staat und Gesellschaft sowie als absoluter Geist in Kunst, Religion und Philosophie. Zum anderen dokumentieren die philosophiegeschichtlichen Vorlesungen die essentiell geschichtliche Verfassung der Philosophie selbst, die auch erst im Verlauf ihrer Geschichte ganz zu sich selbst gelangt – zuletzt als moderne Philosophie des Geistes in Geschichte und Gegenwart.

Hegels Vorlesungen zur Geschichte der Philosophie legen noch einen weiteren engen Zusammenhang zwischen (philosophischem) Geist und (philosophischer) Geschichte nahe. Die welthistorische Entwicklung der Philosophie spiegelt sich in der begrifflichen Entwicklung der Denkformen der Wirklichkeit, so wie umgekehrt die Entwicklung der Denkformen sich in der Geschichte des philosophischen Denkens spiegelt. Doch finden sich bei Hegel nur Andeutungen dieses ambitiösen und wohl auch allzu spekulativen Programms eines Zusammenfallens von Geschichtslogik und Logikgeschichte.

Die Geschichte der Philosophie ist erst seit Hegel und speziell seit seinen Berliner Vorlesungen eine eigene philosophische Disziplin. Hegel kann bei seinen Darstellungen einzelner Philosophen und ganzer Philosophenschulen aber bereits auf eine umfangreiche philosophiehistorische Literatur vom Ende des 18. und vom Beginn des 19. Jahrhunderts zurückgreifen. Vor Hegel dient die Geschichte der Philosophie eher einführenden und illustrierenden Zwecken. Historische philosophische Begriffe, Positionen und Argumente werden eigentlich erst seit Hegel in ihrer Geschichtlichkeit gesehen und geschätzt.

Hegel beginnt die Vorlesungen mit der Unterscheidung seiner eigenen philosophischen Philosophiegeschichte von den üblichen Ansichten und Praktiken im Umgang mit der Geschichte der Philosophie («gewöhnliche Vorstellungen»). Bemerkenswert an seinem geschichtlichen Grundverständnis der Philosophie ist das Augenmerk auf den sozioökonomischen Bedingungen des Philosophierens («Art von Luxus») und auf den kulturellen Voraussetzungen von philosophischer Tätigkeit («Bedürfnis»), die er wesentlich auf Zeiten und Situationen von Bruch und Umbruch datiert. Wie schon in der Vorrede zu den *Grundlinien* lokalisiert Hegel das Auftreten der Philosophie an historischen End- und Krisenpunkten («Untergang einer reellen Welt»). Auch die von der Philosophie daraufhin zu bewerkstelligende Auflösung der Gegensätze («Versöhnung») erfolgt nicht im realen Leben, sondern rein geistig («in der Gedankenwelt») und fällt deshalb eher blass und abstrakt aus («grau in grau malend»).

Wiederum in Übereinstimmung mit der Vorrede zu den *Grundlinien* betont Hegel im eröffnenden Teil der philosophiegeschichtlichen Vorlesungen das Verhaftetsein einer bestimmten Philosophie in einer bestimmten Zeit («Gedanke ihrer Zeit»). Zusammen mit anderen Kulturleistungen reflektiert die Philosophie die Mentalität einer Ethnie («Geist eines Volkes»). Doch reicht die Philosophie, so Hegel, durch ihre begriffliche Reflexion auf die jeweils waltende Weltsicht in gewisser Hinsicht auch über deren Horizont hinaus («der Form nach über ihrer Zeit»). Insofern das in der Philosophie erlangte Wissen («Selbstwissen des Geistes») eine eigene Wirklichkeit besitzt, ist der «formelle Unterschied» zwischen einer Zeit und dem philosophischen Verständnis dieser Zeit, Hegel zufolge, zugleich ein «realer, wirklicher Unterschied» und die Ausgangsbasis für den Fortgang der philosophischen Einsicht über die eigene Zeit hinaus.

Erwartungsgemäß gliedert Hegel den eigentlichen Abriss der Philosophiegeschichte, der den größten Teil der Vorlesungen einnimmt, in drei Teile. Sie gelten der Philosophie von Antike, Mittelalter und Neuzeit. Dem Ganzen vorangestellt ist noch ein kürzerer Teil zur fernöstlichen Philosophie («orientalische Philosophie»), der zuerst die chinesische und dann die indische Philosophie vorstellt. Für Hegel handelt es sich in beiden Fällen um stark weltanschaulich und religiös geprägtes Denken («religiöse Philosophie»), das nicht eigentlich in den engeren Umkreis des philosophischen Denkens gehört, wie es, so Hegel, mit den Griechen in Europa seinen Anfang nimmt.

Der Anfangsteil zur antiken Philosophie ist der bei weitem umfangreichste, gefolgt von dem etwa halb so langen Schlussteil zur Philosophie der Neuzeit. Der Zwischenteil zur mittelalterlichen Philosophie, unter Einschluss der Renaissance und des Reformationszeitalters, fällt dagegen recht knapp aus. Der große Umfang des Teils zur Philosophie der Antike erklärt sich zum einen aus Hegels ausgedehnter Kenntnis der griechischen Philosophie und seinem tiefen Interesse am klassischen Griechenland ganz allgemein. Sogar die griechisch geprägte römische Philosophie subsumiert Hegel in den Vorlesungen kurzerhand unter den Generaltitel «griechische Philosophie» («griechische Philosophie in der römischen Welt»). Zum anderen betrachtet Hegel die griechische Philosophie in ihrer enormen zeitlichen Spanne von den Vorsokratikern über Sokrates, Platon und Aristoteles bis zu den Neuplatonikern als eine in sich abgeschlossene Entwicklung der Philosophie, die nach Anfang, Mitte und Ende gegliedert ist. Insbesondere wird für Hegel in der Philosophie der Antike zunehmend der geistige Charakter der Wirklichkeit erkannt.

Nach Hegels Einschätzung vermag erst die Philosophie des 17. und 18. Jahrhunderts, von Descartes bis Kant, der antiken philosophischen Entdeckung substantieller Geistigkeit ein weiteres fortschrittliches Element hinzuzufügen. Es ist dies das spezifisch moderne Prinzip geistiger Subjektivität oder subjektiver Geistigkeit, das den Geist aus seiner antiken Objektivität in die moderne Subjektivität («Ich») überführt. Seiner eigenen Zeit («neuere deutsche Philosophie») schreibt Hegel deshalb die Aufgabe zu, an der Vereinigung von antiker Substantialität und moderner Subjektivität zu arbeiten, um so den vergegenständlichten Geist zu sich selbst zurückzuführen.

Vor dem Hintergrund seiner philosophiegeschichtlichen Geschichtsphilosophie wundert es nicht, wenn Hegel die weite Zeitspanne zwischen Spätantike und Reformation eher als Zwischenspiel – mit arabischer Philosophie, christlicher Hochscholastik und deutscher Mystik – behandelt und die Geschichte der

Philosophie um das ebenso von Ergänzung wie von Steigerung geprägte Verhältnis von Antike und Moderne zentriert. In der Sache führt er damit die neuzeitliche Debatte um die jeweiligen Vorzüge von Antike und Neuzeit fort (Streit der Antiken und der Modernen; *Querelle des Anciens et des Modernes*). Doch statt einfach für eine der beiden Seiten zu votieren, sucht Hegel die Gegensätze zu vereinbaren getreu seiner Grundansicht, dass auch die Philosophie wie die anderen Formen des absoluten Geistes geschichtlichen Charakter trägt.

Im Hinblick auf das Verhältnis von Spiegelung und Steigerung zwischen der Philosophie in Neuzeit und Antike stellt Hegel eingangs die enge geistige Verwandtschaft zwischen dem modernen Europa («gebildete Menschen in Europa, insbesondere uns Deutsche») und dem antiken Griechenland heraus, die für Hegel hauptsächlich im Wesenszug des Geistes, bei sich selbst und damit frei zu sein, besteht («gemeinschaftlicher Geist der Heimatlichkeit»). Historisch gesehen lokalisiert Hegel dann den eigentlichen Anfang der Philosophie in den griechischen Kolonien Kleinasiens, die durch das expandierende Perserreich ihre politische Freiheit gerade zu verlieren drohen («ionische Philosophie»).

Die Philosophie lässt Hegel mit außergewöhnlichen Persönlichkeiten beginnen, die sich unter den gegebenen politischen Bedingungen vom öffentlichen Leben in ein Gedankenreich zurückziehen. Auch in späteren Perioden der griechischen Philosophie und der unter griechischem Einfluss stehenden römischen Philosophie stellt Hegel immer wieder den Rückzug aus dem Öffentlichen in das Private und aus dem Reellen in das Geistige heraus. Für Hegel ist der Rückzug in die Philosophie aber nicht Ausflucht und Illusion. Vielmehr sieht er den Rückgang als intensivierendes Innewerden («Er-innerung»). Im Fortgang der griechischen Philosophie erweist sich nämlich, so Hegel, das Gedanklich-Geistige als das eigentlich Wirkliche («Allgemeines»).

Die gewaltige Materialfülle der griechisch-römischen Philosophie ist in Hegels Vorlesungen in drei Hauptepochen gegliedert, die jede wiederum mehrfach – in der Regel dreifach – untergliedert sind. Am umfangreichsten und am philosophisch wichtigsten ist dabei die erste Epoche, die Hegel von Thales bis Aristoteles datiert. Daran schließt sich die hellenistisch-römische Philosophie mit der Aufspaltung in die konkurrierenden philosophischen Schulen («besondere Systeme») von Stoizismus, Epikureismus und Skeptizismus an. Den Abschluss macht der spätantike Neuplatonismus (Plotin), der für Hegel zwar die Gegensätze in die Einheit einer rein geistigen Welt zurückführt, aber dabei die Subjektivität des Geistes («unendliches Fürsichsein») außer Acht lässt.

Bei der Darstellung der griechischen Philosophie widmet Hegel besondere Aufmerksamkeit der beginnenden Einsicht in die Einheit von Geist und Wirklichkeit, die dann im Mittelpunkt seiner eigenen Philosophie steht. Wichtige Stationen sind dabei zunächst die Vorsokratiker Parmenides, der Denken und Sein gleichsetzt («dasselbe»), und Anaxagoras, der den Geist (*nous*) zum Prinzip von allem erklärt, des Weiteren Platon, der das Geistige zur «Idee» vergegenständlicht («objektiver Gedanke»), und Aristoteles, der die Selbstbezogenheit des Geistigen erkennt («Denken des Denkens»).

Bemerkenswert an Hegels griechischer Philosophiegeschichte aus dem Geist der Moderne ist auch die Ehrenrettung der Sophistik gegenüber dem traditionellen Vorwurf des Relativismus. Den berühmten Ausspruch des Protagoras, wonach der Mensch das Maß aller Dinge ist, legt Hegel als frühe Einsicht in die Prägung der Wirklichkeit durch den Geist aus. Vor allem aber macht Hegel für Sokrates eine geradezu moderne Einsicht geltend: die Entdeckung der persönlichen inneren Stimme («Gewissen») und damit die Erschließung der Subjektivität des Geistes, die allerdings, so Hegel, im weiteren antiken Denken kaum Berücksichtigung findet. Das gilt auch für den von Hegel bei Sokrates ausgemachten Übergang von der (objektiven) Sittlichkeit zur (subjektiven) Moralität.

Auch bei der Darstellung der Philosophie des 17. und 18. Jahrhunderts, mit der die Vorlesungen schließen, legt Hegel den Schwerpunkt auf solche originellen Ansätze («Systeme»), die den Geist in seinem Verhältnis zum Denken wie zur Wirklichkeit zum Gegenstand haben. Wichtige Stationen sind hier

Descartes mit seiner Entdeckung des reinen Selbstbewusstseins (*cogito*) als absolut gewisser Ausgangsbasis aller Erkenntnis, Spinoza, bei dem Geist und Natur ebenso entgegengesetzt wie identisch sind («Denken und Sein»), und Leibniz, der vom Denken her alles Sein erschließt («denkende Monade»). Schließlich gelangt Hegels Darstellung zu Fichtes Einführung des Selbstbewusstseins («Ich») als subjektivem Prinzip von Wirklichkeit und zu Schellings Auflösung des Gegensatzes von Subjektivem und Objektivem in einer absoluten Identität, die den Gegensatz ebenso hervorbringt wie auflöst.

Das damit erreichte Wissen des Geistes von sich («absolutes Wissen») markiert für Hegel den Übergang vom «endlichen Selbstbewusstsein», dem immer ein Gegenständliches gegenübersteht, zum nunmehr auch in der Philosophiegeschichte erreichten «absoluten Selbstbewusstsein», durch das sich der Geist immerzu und überall erkennt und wiedererkennt («Geist als Geist»). Doch damit sind auch der Geist selbst wie seine philosophische Darstellung zu Ende gekommen. Hegel erklärt die geschichtlichen Gestalten des Geistes für «geschlossen» und die Geschichte der Philosophie für «beschlossen» – zumindest vom Standpunkt seiner Zeit aus betrachtet («für jetzt»). Dem von Hegel diagnostizierten Ende der essentiell religiösen Kunst und der von ihm deklarierten Ablösung der Religion durch die Philosophie entspricht damit das geschichtliche Ende der Philosophie selbst, die aus Hegels Gegenwartsperspektive zwar ganz zu sich gekommen ist, deren geistiges Potential damit aber auch erschöpft scheint («letzte Philosophie»). Was bleibt, ist die Geschichte, oder – wie man mit Blick auf die beinahe zwei Jahrhunderte seither wird sagen können – die Zukunft.

7. Hegel heute

Durch die bald nach Hegels Tod veranstaltete Ausgabe seiner gesammelten Werke, unter Einbezug der von den Herausgebern überarbeiteten Berliner Vorlesungen, erfährt das philosophische Werk Hegels in den beiden Jahrzehnten vor der Mitte des 19. Jahrhunderts starke und vielfältige Beachtung. Insbesondere seine Religionsphilosophie und seine Rechtsphilosophie werden dabei Gegenstand äußerst kontroverser, aber auch enorm produktiver Debatten. Von konservativer Seite (Hegelsche Rechte) wird Hegel als philosophischer Verteidiger der bestehenden staatlichen und religiösen Ordnung im vormärzlichen Deutschland reklamiert. Doch auch von der sich als fortschrittlich verstehenden Seite (Hegelsche Linke), deren politisches Spektrum vom national-demokratischen Frühliberalismus bis zum internationalistischen Frühsozialismus reicht, wird Hegel für politisch-philosophische Zwecke vereinnahmt.

Als besonders einflussreich erweist sich die kritische Auseinandersetzung mit Hegel bei Ludwig Feuerbach (1804–1872) und Karl Marx (1818–1883). Im Rahmen seiner Religionskritik, die als das heimliche «Wesen der Religion» das menschliche Wesen ausmacht, deutet Feuerbach die metaphysischen und theologischen Bezüge bei Hegel um in anthropologische und anthropozentrische Aussagen über den Eigenwert und die Dignität des Menschen. An die Stelle des Geistes tritt bei Feuerbach die Materie und insbesondere der Leib als primäre Form von Wirklichkeit («Materialismus»). Die gesellschaftliche Dimension menschlicher Existenz verortet Feuerbach in der sinnlich-konkreten Gemeinschaft («Liebe»).

Marx radikalisiert Feuerbachs anthropologischen Materialismus durch den von Hegel übernommenen Fokus auf der geschichtlichen Dimension menschlicher Existenz («historischer Materialismus»). Im kritischen Rückgriff auf Hegels Rechtsphilosophie versteht Marx die politischen Herrschaftsverhältnisse als Widerspiegelung wirtschaftlicher Besitzverhältnisse. Feuerbach wie Marx ergänzen Hegels auf Geschichte und Gegenwart fokussiertes Denken um die Dimension der Zukunft, für die Feuerbach einen neuen, befreiten Menschen vorsieht und voraussieht und Marx eine neue, befreite Gesellschaft.

Verglichen mit der ersten, eminent politischen Hegelrezeption ist die Auseinandersetzung mit Hegels Werk in der zweiten Hälfte des 19. Jahrhunderts und zu Beginn des 20. Jahrhunderts vorwiegend akademisch geprägt (Neuhegelianismus). Die Beschäftigung mit Hegel steht hier zudem in Konkurrenz zum gleichzeitigen Wiederaufleben des philosophischen Interesses an Kant (Neukantianismus) und Fichte (Neufichteanismus). Bei der akademischen Hegelrezeption, die sich außer in Deutschland auch in England findet, steht über lange Zeit das von Hegel entworfene umfassende System der Philosophie im Mittelpunkt, und dies obwohl das System bei Hegel selbst nur in Teilen und Auszügen verwirklicht ist.

Den über lange Zeit bestehenden Fokus auf dem mittleren Hegel der *Logik* und der *Enzyklopädie* verdrängt zuerst die Entdeckung des frühen, «jungen» Hegel, dessen umfangreiche, zumeist fragmentarische Ausarbeitungen um und nach 1900 veröffentlicht werden («theologische Jugendschriften», «Systementwürfe»). Im weiteren Verlauf des 20. Jahrhunderts rücken dann zunächst die *Phänomenologie* und später auch die *Grundlinien* in den Mittelpunkt des allgemeineren Interesses an Hegel. An beiden Werken fasziniert die Zeitgenossen vor dem Hintergrund der enormen politischen, wirtschaftlichen und sozialen Veränderungen des 20. Jahrhunderts Hegels philosophischer Blick für das Ineinander von Geschichte und Gegenwart, insbesondere im Hinblick auf Staat und Gesellschaft.

Heute, 250 Jahre nach Hegels Tod und 200 Jahre nach der Veröffentlichung seines Hauptwerks zur praktischen Philosophie, den *Grundlinien der Philosophie des Rechts*, wird Hegel wahrgenommen als der erste Philosoph überhaupt, der die modernen Entwicklungen auf den Gebieten von Recht, Politik, Gesellschaft, Wirtschaft, Kunst und Religion umfassend zur

Kenntnis nimmt und insgesamt einschätzt. Anders als die erst nach Hegel und teils unter seinem Einfluss entstandenen Einzelwissenschaften (Geistes- und Sozialwissenschaften), die zunehmend empirisch und hochgradig arbeitsteilig verfahren, unternimmt Hegel noch eine begrifflich geleitete Gesamtschau auf die neuartige und widersprüchliche Lage des Menschen in der Moderne. Für eine weitere Leserschaft sind neben den *Grundlinien* vor allem die Berliner Vorlesungen zur Geschichte und Gegenwart von Politik, Kunst und Religion von erstaunlich aktuellem Interesse.

Statt vor der angeblichen Übermacht des Faktischen geistig und moralisch zu kapitulieren, begegnet Hegel der eigenen Zeit wie deren geschichtlichen Voraussetzungen mit einem gedanklichen Großentwurf, der Geschichte wie Gegenwart, Kunst wie Religion, Politik wie Philosophie als Dimensionen einer allmählichen Entwicklung von zunehmend selbstbestimmten, «freien» Lebens- und Denkformen begreift. Die errungene Freiheit besteht dabei nicht in Willkür und Zufälligkeit, sondern beruht auf und besteht in vernünftigen Gesetzen. Auch übersieht Hegel nicht das Verfehlte und Falsche, das den modernen Entwicklungen ebenso anhaftet wie das Gelungene und Gewonnene.

Doch Hegel gibt uns Heutigen nicht nur begriffliche Instrumente und gedankliche Werkzeuge für die Sondierung der «geistigen Situation der Zeit» (K. Jaspers) an die Hand. Der rückwärtsgewandte, herbstliche Blick von Hegels Denken, für den mit der eigenen Gegenwart die geschichtliche Entwicklung in wesentlichen Bereichen – von der Politik über die Kunst und die Religion zur Philosophie – an ihr Ende gekommen ist, lässt auch unsere eigene Gegenwart in einem fahlen Licht erscheinen. Die großen Erzählungen und eindrucksvollen Szenarien über Sinn und Zweck der modernen Entwicklung der menschlichen Lebensverhältnisse scheinen verblasst. Längst für überwunden geglaubte Lebens- und Denkformen kehren verwandelt zurück, vor allem in Politik und Religion. Statt sich weiterzuentwickeln und fortzuschreiten, scheint die moderne Welt stillzustehen oder zurückzufallen.

Für Hegel führt die Erfahrung der eigenen Gegenwart als

«bleierner Zeit» (Hölderlin) aber nicht zu Resignation und Rückfall, sondern zu der intellektuellen Anstrengung, die durchaus zwiespältige Wirklichkeit in ihrer komplexen Verfassung begrifflich zu durchdringen, um so mit ihr und mit sich selbst ins Reine zu kommen. Wir Späteren können von Hegel lernen, dass man schwierigen und schwer überschaubaren Lagen und Situationen nicht mit Vereinfachungen und Einseitigkeiten begegnet, sondern mit der gründlichen Kenntnis der Vorgänge und Zusammenhänge und mit der vernünftigen Einschätzung der Möglichkeiten und Grenzen. Hegels gesamtes Denken, von seinen gelehrigen Anfängen über seine kühnen Systempläne bis zu seinen reifen Hauptwerken, ist ein Vertrauensvotum für die Erschließungskraft, die vernünftiger Überlegung und dem Denken in geschichtlichen Zusammenhängen innewohnt.

Literaturhinweise

Hegels Schriften

G. W. F. Hegel: *Gesammelte Werke*, hg. v. d. Nordrhein-Westfälischen Akademie der Wissenschaften und der Künste, Meiner, Hamburg 1968 ff. (Erste Abteilung: Schriften und Entwürfe; 2. Abteilung: Vorlesungsnachschriften; historisch-kritische Gesamtausgabe)

G. W. F. Hegel: *Werke in zwanzig Bänden*, hg. v. Eva Moldenhauer u. Karl Markus Michel, Suhrkamp, Frankfurt/M. 1970 (Studienausgabe mit den Berliner Vorlesungen; Bände einzeln erhältlich)

G. W. F. Hegel: *Hauptschriften*. Sonderausgabe auf der Grundlage der «Gesammelten Werke», 6 Bde., Meiner, Hamburg 2014 (Studienausgabe ohne die Berliner Vorlesungen; Bände nicht einzeln erhältlich)

Für Hegel wichtige Werke

Aristoteles: *Über die Seele,* Griechisch-Deutsch, übers. u. hg v. Gernot Krapinger, Reclam, Stuttgart 2011

Edward Gibbon: *Verfall und Untergang des römischen Imperiums,* übers. v. Klaus Bringmann, 2 Bde., Wissenschaftliche Buchgesellschaft, Darmstadt 2016

Immanuel Kant: *Kritik der reinen Vernunft,* hg. v. Ingeborg Heidemann, Reclam, Stuttgart 1966

Charles de Montesquieu: *Vom Geist der Gesetze,* übers. u. hg. v. Ernst Forsthoff, UTB, Stuttgart [3]2019

Platon: *Der Staat,* übers. u. hg. v. Gernot Krapinger, Reclam, Stuttgart 2017

Literatur zu Hegel

Georg W. Bertram: *Hegels «Phänomenologie des Geistes». Ein systematischer Kommentar,* Reclam, Stuttgart 2019

Robert B. Brandom: *A Spirit of Trust. A Reading of Hegel's Phenomenology,* Harvard University Press, Cambridge, Mass. 2019

Hans Friedrich Fulda: *Georg Wilhelm Friedrich Hegel,* C.H.Beck, München 2003

Willem DeVries: *Hegel's Theory of Mental Activity. An Introduction to Theoretical Spirit,* Cornell University Press, Ithaca, NY 1988

Annemarie Gethmann-Siefert: *Einführung in Hegels Ästhetik*, Fink/UTB, München 2005

Dietmar H. Heidemann u. Christian Krijnen (Hg.): *Hegel und die Geschichte der Philosophie,* Wissenschaftliche Buchgesellschaft, Darmstadt 2017

Dieter Henrich: *Hegel im Kontext.* Mit einem Nachwort zur Neuauflage, Suhrkamp, Frankfurt/M. 2010

Stephen Houlgate (Hg.): *Hegel and the Philosophy of Nature,* State University of New York Press, Albany, NY 1998

Walter Jaeschke: *Die Vernunft in der Religion. Studien zur Grundlegung der Religionsphilosophie Hegels,* Frommann-Holzboog, Stuttgart 1986

Walter Jaeschke: *Hegel-Handbuch. Leben – Werk – Schule,* Metzler, Stuttgart [3]2010

Jean-François Kervégan: *Die verwirklichte Vernunft. Hegels Begriff des objektiven Geistes,* übers. v. Bernd Schwibs, Vittorio Klostermann, Frankfurt/M. 2019

Alexandre Kojève: *Hegel. Eine Vergegenwärtigung seines Denkens,* Suhrkamp, Frankfurt/M. 1975

Herbert Marcuse: *Hegels Ontologie und die Grundlegung einer Theorie der Geschichtlichkeit,* Vittorio Klostermann, Frankfurt/M. 1932, [3]1975

Terry Pinkard: *Hegel's Naturalism. Mind, Nature, and the Final Ends of Life,* Oxford University Press, Oxford 2012

Terry Pinkard: *Does History Make Sense? Hegel on the Historical Shape of Justice,* Harvard University Press, Cambridge, Mass. 2017

Robert Pippin: *After the Beautiful. Hegel and the Philosophy of Pictorial Modernism,* University of Chicago Press, Chicago 2015

Robert Pippin, *Hegel's Realm of Shadows. Logic as Metaphysics in «The Science of Logic»,* University of Chicago Press, Chicago 2019

Tim Rojek: *Hegels Begriff der Weltgeschichte. Eine wissenschaftstheoretische Studie,* De Gruyter, Berlin 2017

Herbert Schnädelbach (Hg.): *Hegels Philosophie. Kommentare zu den Hauptwerken,* 3 Bde., Suhrkamp, Frankfurt/M. 2000

Pirmin Stekeler-Weithofer: *Hegels Phänomenologie des Geistes. Ein dialogischer Kommentar,* 2 Bde., Meiner, Hamburg 2014

Charles Taylor: *Hegel,* Suhrkamp, Frankfurt/M. 1983

Michael Theunissen: *Sein und Schein. Die kritische Funktion der Hegelschen Logik,* Suhrkamp, Frankfurt/M. 1978

Klaus Vieweg: *Das Denken der Freiheit. Hegels «Grundlinien der Philosophie des Rechts»,* Wilhelm Fink, München 2012

Klaus Vieweg: *Hegel. Der Philosoph der Freiheit. Biographie,* C.H.Beck, München 2019

Zeittafel

1770 am 27. August	Geburt von Georg Wilhelm Friedrich («Georg») Hegel in Stuttgart
1776–88	Besuch des Gymnasiums in Stuttgart
1788–93	Studium der Philosophie (1788–90) und der protestantischen Theologie (1790–93) an der Universität Tübingen; Stubengemeinschaft im Tübinger Stift mit Hölderlin und Schelling; Examina bestanden (1790 und 1793)
1793–96	Hauslehrer in Bern
1797–1801	Hauslehrer in Frankfurt am Main
1797	sog. Ältestes Systemprogramm des deutschen Idealismus (in Hegels Handschrift; Autorschaft strittig)
1798	*Vertrauliche Briefe über das vormalige staatsrechtliche Verhältnis des Waadtlandes (Pays de Vaud) zur Stadt Bern* (anonym veröffentlicht)
1801–06	Lehrtätigkeit an der Universität Jena (1801 Ernennung zum Privatdozenten, 1805 Ernennung zum außerordentlichen Professor)
1801	*Über die Differenz des Fichteschen und Schellingschen Systems der Philosophie*
1802–03	*Kritisches Journal der Philosophie*, 2 Bde., mit Schelling herausgegeben; darin: *Glauben und Wissen*; *Über die wissenschaftlichen Behandlungsarten des Naturrechts* (beide 1802)
1807	Geburt von Hegels unehelichem Sohn Ludwig Fischer (1817 in Hegels Haushalt aufgenommen)
1807	*Phänomenologie des Geistes*
1807–08	Zeitungsredakteur in Bamberg
1808–16	Professor der philosophischen Vorbereitungswissenschaften und Rektor des Gymnasiums in Nürnberg
1811 am 16. September	Hochzeit mit der Nürnberger Patriziertochter Maria Helena Susanna («Marie») von Tucher (1791–1855)
1812–16	*Wissenschaft der Logik* (3 Bücher in 2 Bänden)
1813	Geburt von Hegels Sohn Karl
1814	Geburt von Hegels Sohn Immanuel
1816–18	Professor an der Universität Heidelberg

1817	*Enzyklopädie der philosophischen Wissenschaften im Grundrisse* (stark umgearbeitete u. erweiterte 2. Auflage 1827, leicht veränderte 3. Auflage 1830); *Beurteilung der im Druck erschienenen Verhandlungen der Landstände des Königreichs Württemberg*
1818–1831	Professor an der Universität Berlin
1820	Reise nach Dresden; *Grundlinien der Philosophie des Rechts* (Titelblatt: 1821)
1821	Reise nach Dresden
1822	Reise in die Vereinigten Niederlande (Stationen in Köln, Aachen, Löwen, Brüssel, Gent, Antwerpen, Den Haag, Amsterdam und Hamburg)
1824	Reise über Dresden und Prag nach Wien
1827	Reise nach Paris und Brüssel (Stationen in Kassel, Koblenz, Trier, Luxemburg und Metz)
1831	*Über die englische Reformbill*; *Wissenschaft der Logik*, Neuauflage des 1. Buches
1831 am 14. November	Hegel stirbt in Berlin (Beerdigung neben dem Grab Fichtes)
1832–45	*Werke. Vollständige Ausgabe durch einen Verein von Freunden des Verewigten* (18 Bde., darunter die Berliner Vorlesungen zur Geschichtsphilosophie, Ästhetik, Religionsphilosophie und Philosophiegeschichte)

Personenregister